# GRAND~PRÉ

## CŒUR DE L'ACADIE

A.J.B. JOHNSTON & W.P. KERR

TRADUIT DE L'ANGLAIS PAR SYLVAIN FILION

Nimbus Publishing Limited
C.P. 9166
Halifax NS B3K 5M8
(902) 455-4286

Imprimé et relié au Canada

Conception : Min Landry, Wink Design

Le nom Les Mines vient des dépôts de cuivre qui ont été trouvés à cet endroit. Les anglophones ont appelé la région Menis, puis Minas.

Société Promotion
Grand-Pré
www.grand-pre.com

Catalogage avant publication de la Bibliothèque nationale du Canada

    Johnston, A. J. B
    Grand-Pré : coeur de l'Acadie / A.J.B. Johnston et W.P. Kerr.
    Traduction de : Grand-Pré : heart of Acadie.
    Comprend des réf. bibliogr.
    ISBN 1-55109-491-6

1. Grand Pré (N.-É.)–Histoire. 2. Acadie–Histoire. 3. Acadiens, Déportation des, 1755. 4. Nouvelle-Écosse–Histoire–1713-1775. 5. Lieu historique national de Grand-Pré (N.-É.) I. Kerr, W. P., 1954- II. Titre.

FC2314.G72J6314 2004    971.6'34    C2004-901527-3

The Canada Council | Le Conseil des Arts
for the Arts | du Canada

Nous remercions le gouvernement du Canada qui, par le biais de son Programme d'aide au développement de l'industrie de l'édition (PADIÉ) et le Conseil des Arts du Canada, nous a accordé son soutien financier.

# Table des matières

# REMERCIEMENTS

Les auteurs tiennent à remercier Ronnie-Gilles LeBlanc, Georges Arsenault, Claude DeGrâce, Donna Doucet, Wayne Melanson, Alan Melanson, Claudine Daigle, Anne Audet et Claudine Bertin de leur contribution au texte qui suit. Leurs commentaires et leurs suggestions concernant une version préliminaire du manuscrit ont beaucoup aidé à faire avancer le projet. Les auteurs veulent également remercier tout particulièrement le photographe François Gaudet, la Société Promotion Grand-Pré et Parcs Canada de leur soutien et de leur encouragement.

Le développement et l'intégrité du lieu historique national du Canada de Grand-Pré sont assurés grâce à la collaboration de Parcs Canada et de la Société Promotion Grand-Pré qui représente la communauté acadienne.

# AVANT-PROPOS

Il n'est pas facile d'écrire un livre sur Grand-Pré et sur les Acadiens. On a déjà beaucoup écrit à ce sujet depuis 250 ans. Maintenant, après plusieurs années de recherches et de consultations auprès de spécialistes acadiens, A.J.B Johnston et W.P. Kerr s'associent à la Société Promotion Grand-Pré pour produire un tout nouvel ouvrage sur l'un des épisodes les plus controversés des débuts du Canada. Le livre répond à certaines questions fondamentales au sujet de la naissance de Grand-Pré, de la Déportation et des événements qui ont suivi. J'aimerais toutefois partager avec vous mes propres impressions quant à cet endroit bien spécial qu'est le lieu historique national de Grand-Pré. Il occupe, comme vous le savez, une place toute particulière dans le cœur et l'esprit des Acadiens et de bien d'autres personnes.

Lorsque j'ai lu la première ébauche de ce livre, j'ai tout de suite pensé à ce que m'avait dit un ancien planificateur en chef de Parcs Canada. C'était en 1983 et je m'installais tout juste dans mes nouvelles fonctions de directeur du lieu historique national de Grand-Pré. Steve Sheridan, lors d'une visite au lieu, m'avait dit que pour lui, Grand-Pré était l'un des lieux historiques les plus importants de tous les lieux historiques du Canada.

Il m'a fallu quelques années pour saisir le sens profond de ces mots. Mon expérience à la Forteresse de Louisbourg m'avait enseigné que la reconstruction de la forteresse du XVIII\e siècle « à une époque précise dans le temps » était le moyen le plus efficace pour Parcs Canada d'attirer les visiteurs qui connaissaient peu la période. Avec le temps, j'ai découvert que l'attrait universel de Grand-Pré est vraiment cette impression d'intemporalité que l'on ressent en visitant Grand-Pré, même si justement on ne tente pas de recréer le passé — ou peut-être est-ce à cause de cela. Les visiteurs attentifs pourront « ressentir » la tragédie de la Déportation comme si elle venait tout juste de se produire.

La sénatrice Viola Léger l'a clairement confirmé lors de l'ouverture officielle du nouveau centre d'accueil et d'interprétation en septembre 2003. La sénatrice Léger, l'actrice acadienne la plus accomplie de sa génération, a partagé avec moi sa réaction à la présentation multimédia qui est le point saillant du nouveau centre. D'une voix émue, elle m'a dit : « Maintenant, je comprends enfin toute la signification de Grand-Pré. C'est le lieu de tous les Acadiens. Tout le monde, surtout en 2004, lors du 400\e anniversaire de l'Acadie, doit voir cette présentation. »

---

Dans son livre *Postcards from Acadie,* publié en 2003, la folkloriste Barbara Le Blanc explique que Grand-Pré a contribué à façonner l'identité du peuple acadien. « Le lieu de Grand-Pré a servi de repère historique, de point de mire, de catharsis, de catalyseur et de motivation, tant pour les Acadiens que pour d'autres. Dans de nombreuses tentatives de la part des Acadiens en vue d'orienter et de maîtriser un sens de l'identité dans un monde en transformation, Grand-Pré joue un rôle important en tant qu'endroit de commémoration du patrimoine et de célébration du passé et de l'avenir. Grand-Pré symbolise l'espoir universel de la survivance malgré les obstacles, et un rêve de cohésion collective. »

Je crois que Grand-Pré appartient à une famille spéciale de lieux historiques répartis un peu partout dans le monde et qui marquent une histoire tragique et controversée, des lieux comme le musée du District-Six (Afrique du Sud), le musée du Goulag (Russie), le musée de la Guerre de libération (Bangladesh), le Lower East Side Tenement Museum (États-Unis). Ces endroits réveillent la conscience sociale des gens et aident à promouvoir les principes humanitaires. Au cours des années, beaucoup d'Acadiens m'ont dit que leur visite à Grand-Pré avait profondément marqué leur vie. Certains deviennent intimement conscients de ce que cela signifie que d'être Acadien et Acadienne. D'autres y trouvent une perspective différente sur la vie et un regain d'énergie pour enfin exprimer leur propre créativité.

Au cours des années, bien des voix ont raconté l'histoire des Acadiens, y compris celle du poète de renommée mondiale Henry Wadsworth Longfellow et celle de la lauréate du prix Goncourt Antonine Maillet. Le nouveau programme de mise en valeur du patrimoine à Grand-Pré cherche à donner la parole aux gens qui ont réellement vécu à cet endroit lorsqu'il était le grenier de l'Acadie, et aussi à ceux qui ont vécu les années tragiques de la déportation et de l'exil. Parcs Canada sera toujours reconnaissant des conseils que lui auront prodigués le Comité consultatif acadien et d'autres Acadiens qui, ensemble, ont aidé à faire passer Grand-Pré dans le XXIᵉ siècle. Aujourd'hui, le travail de la Société Promotion Grand-Pré, qui fournit des services de mise en valeur du patrimoine à Grand-Pré, témoigne des liens spéciaux que les Acadiens continuent d'entretenir avec l'endroit.

Quelque 250 ans après le début de la Déportation, Grand-Pré accueille des milliers de visiteurs venus participer au Congrès mondial acadien 2004 et au 400ᵉ anniversaire de la fondation de l'Acadie. Je sens qu'il reste encore de nombreux chapitres mémorables à écrire dans l'histoire de Grand-Pré.

Je tiens à remercier Wayne Kerr et John Johnston de leur travail remarquable à Grand-Pré. Leur engagement envers l'excellence sautera aux yeux de ceux qui liront ce livre et qui visiteront le lieu historique national du Canada de Grand-Pré.

Grand-Pré — jadis le cœur de l'Acadie… à tout jamais dans le cœur des Acadiens.

Claude DeGrâce
Conseiller principal et directeur du projet
de réaménagement de Grand-Pré

*Dans les guerres et les conflits, les civils sont trop souvent les victimes.*

*Cette carte italienne de 1566 un des premiers exemples connus où une version du mot Acadie, en l'occurrence LARCADIA, apparaît sur une carte.*

# LE PASSÉ ET LE PRÉSENT

Pendant près de deux siècles et demi, à partir des années 1500, les graphies Arcadie ou Accadie apparaissent sur différentes cartes européennes du nord-est de l'Amérique du Nord. Au début, le lieu désigné se situe à peu près entre les 40<sup>e</sup> et 46<sup>e</sup> parallèles (entre ce qui est aujourd'hui Philadelphie et l'île du Cap-Breton). Plus tard, Acadie en vient à désigner beaucoup plus couramment les régions côtières de ce qui est aujourd'hui le nord du Maine, le sud du Nouveau-Brunswick et toute la partie continentale de la Nouvelle-Écosse. L'événement au cœur du présent livre — la Déportation des Acadiens par des soldats britanniques et de la Nouvelle-Angleterre — changera tout cela. Acadie (sous sa forme anglaise, Acadia) disparaîtra alors des cartes officielles de la région de l'Atlantique.

Néanmoins, peu importe la toponymie officielle, il ne fait aucun doute qu'il y a toujours une Acadie ou, plus précisément, une multitude d'Acadie, réelles ou imaginaires. Dix générations après la Déportation, on estime à environ trois millions le nombre d'Acadiens ou de descendants d'Acadiens au Canada, aux États-Unis et en France. Pour certains, l'Acadie englobe les régions terrestres et maritimes occupées à l'origine par leurs ancêtres. Pour eux, la région continentale de la Nouvelle-Écosse est le cœur de l'ancienne Acadie. Pour d'autres, quand on pense aux Acadiens du XXI<sup>e</sup> siècle, l'Acadie signifie ces régions où les Acadiens occupent une place prédominante aujourd'hui, comme la Péninsule acadienne dans le nord du Nouveau-Brunswick, la côte de la baie Sainte-Marie en Nouvelle-Écosse, de même que Rustico et Mont-Carmel à l'Île-du-Prince-Édouard. Les âmes plus poétiques évitent de parler d'endroits précis et préfèrent plutôt des définitions plus larges — par exemple, « un pays imaginaire ». Nul autre que Boutros Boutros-Ghali, lorsqu'il était secrétaire général des Nations Unies, avait décrit d'une manière admirative l'Acadie comme étant « un pays sans frontières ». La célèbre écrivaine Antonine Maillet proposait, quant à elle, le concept le plus inclusif que l'on puisse imaginer. Elle avait déclaré que « là où il y a un Acadien, c'est l'Acadie ».

L'idée d'écrire ce livre nous est venue au cours des dernières années, pendant que nous travaillions à préparer les nouvelles expositions et la présentation multimédia pour le lieu historique national du Canada de Grand-Pré. Les thèmes historiques explorés dans ces pages découlent naturellement des approches d'interprétation développées dans les nouvelles expositions. Par conséquent, nous commençons ce livre en présentant des perspectives divergentes sur l'emplacement et la signification de l'Acadie, et ce pour souligner un point tout simple : l'Acadie et l'histoire acadienne sont aussi complexes qu'elles sont riches. Ensemble, ces deux attributs en font un domaine de recherche fascinant. Notre intention est de combler certaines des lacunes qui pourraient exister dans les connaissances du grand public au sujet de Grand-Pré, le lieu le mieux connu parmi les nombreux lieux historiques acadiens.

En soi, Grand-Pré est un toponyme très évocateur, non seulement au Canada mais partout dans le monde. Lieu de beauté et de richesse, lieu de tragédie, lieu touristique et patrimonial : Grand-Pré agit sur différents plans selon les gens, et souvent sur plusieurs plans à la fois. Dans le contexte de ce livre, notre tâche consiste à élucider Grand-Pré pour des lecteurs dont les intérêts et les origines diffèrent. Nous posons trois grandes questions auxquelles nous tentons de répondre. Qu'est-ce qu'était Grand-Pré avant la Déportation? Que s'est-il produit dans le village à la fin de l'été et à l'automne 1755 et qu'est-il arrivé au village? Que s'est-il passé ensuite, comment le lieu actuel de Grand-Pré — le plus précieux de tous les lieux historiques acadiens — est-il devenu ce qu'il est aujourd'hui? Tout au long du texte, et ce, afin de saisir toute l'importance de Grand-Pré, nous abordons différents sujets liés à l'histoire acadienne dans de nombreux endroits autres que Grand-Pré.

À l'origine, le village de Grand-Pré est fondé en raison du « grand pré » que la nature a créé à cet endroit — d'où le nom. En voyant tous ces grands marais salés, les Acadiens y reconnaissent un potentiel agricole inexploité. Les premiers colons arrivent au début des années 1680 et l'endiguement des terres commence peu après. Soixante-quinze ans plus tard, en 1755, alors que la population de Grand-Pré et des environs dépasse les 2 000 personnes, l'administration britannique en Nouvelle-Écosse rassemble tous les Acadiens qu'elle peut trouver et les déporte. Des mesures semblables sont prises dans d'autres colonies acadiennes et la politique est ainsi appliquée pendant huit ans. C'est alors la fin de l'ancienne Acadie et c'est peut-être la fin des Acadiens.

Grâce à la ténacité du peuple acadien des années 1750 et 1760 et grâce à ses millions de descendants, la Déportation ne signale pas la fin de l'histoire acadienne. En réalité, c'est une histoire sans fin. Les Acadiens d'aujourd'hui sont continuellement en train d'en écrire de nouveaux chapitres. Par contre, la renaissance des Acadiens après la Déportation ne se produit pas à Grand-Pré, à Port-Royal, à Pigiguit, à Beaubassin ou à Cobeguit, ni même dans une

*À droite : Une vue actuelle du lieu historique national du Canada de Grand-Pré.*

autre des régions acadiennes importantes qui existent jusqu'à 1755. La dure réalité est que peu d'Acadiens au XXI<sup>e</sup> siècle vivent sur le sol ou près du sol où leurs ancêtres ont vécu jadis. Le cauchemar et la tragédie de la Déportation entraînent la destruction à grande échelle d'un mode de vie bien établi pour les 12 000 à 14 000 Acadiens.

Aucun arbre généalogique acadien ne reste intact à la suite de la Déportation. Les circonstances générales diffèrent d'une famille à l'autre; le motif, lui, est le même. Nous aurons encore beaucoup à dire au sujet de la Déportation plus loin dans le livre. Pour le moment, il suffit d'affirmer que la Déportation — le mot étant écrit intentionnellement avec un « D » majuscule — a été depuis longtemps un événement déterminant dans l'histoire du peuple acadien. De manière générale, la plupart des auteurs parlent des huit ans de la Déportation comme du Grand Dérangement. Le fait qu'il y a eu huit ans de déportations mérite qu'on le répète. Beaucoup trop croient, à tort, que la Déportation ne s'est produite qu'en 1755 et qu'après, plus rien n'est arrivé. Non, ce n'est pas ainsi que les événements se sont déroulés. Les Britanniques ont essayé une dernière fois de déporter des Acadiens en 1762. Les mouvements de masse des Acadiens, forcés et volontaires, n'ont pas pris fin à ce moment. D'autres migrations et déplacements forcés sont survenus au début des années 1800.

Ce qui est arrivé aux Acadiens n'est pas unique, et le phénomène existe toujours comme nous le montrent régulièrement les bulletins de nouvelles internationales. Il y a eu et il continue d'y avoir beaucoup de déplacements forcés, de nettoyages ethniques et de diasporas. De plus, ces phénomènes se produisent sur tous les continents. Les Cherokees, les Huguenots, les Juifs et les Kosovars viennent immédiatement à l'esprit. Il y a malheureusement de nombreux autres exemples.

Pour les Acadiens de partout, l'histoire particulière de Grand-Pré vient au premier plan comme épisode déterminant. Ce n'était certainement pas la seule collectivité acadienne à être déracinée, et ce n'était même pas la première. C'est la région de Chignectou qui a eu ce triste honneur. Néanmoins, Grand-Pré a longtemps été vu comme l'épicentre symbolique du désastre humain de la Déportation.

Que leurs ancêtres aient vécu ou non dans ce village, les Acadiens de partout dans le monde se tournent vers Grand-Pré et ressentent un lien avec ses victimes. Le centre de ce village, maintenant un lieu historique, occupe une place privilégiée dans le cœur et l'esprit de tous les Acadiens.

Il y a bien sûr des millions d'autres personnes dans le monde qui n'ont aucun lien direct avec les événements de 1755 mais qui, malgré tout, s'intéressent vivement à la tragédie des Acadiens. Certaines voient un rapport entre ce qui s'est produit à Grand-Pré et des événements semblables qui se déroulent dans le monde aujourd'hui. D'autres — moins aujourd'hui qu'il y a

*Pages précédentes : Une des nombreuses interprétations de la tragédie de la Déportation.*

*L'artiste anglaise Jane E. Benham a été la première à représenter Évangéline, héroïne imaginaire de Longfellow. Cette gravure était l'une des 45 illustrations qui accompagnaient le poème dans son édition de 1850 publiée à Boston et à Londres.*

quelques dizaines d'années — ont lu *Évangéline, Conte d'Acadie* de Henry Wadsworth Longfellow et reconnaissent Grand-Pré comme le cadre de cette œuvre littéraire célèbre. Le poème de Longfellow a inspiré chez ses lecteurs un profond attachement envers les gens et l'endroit dont l'histoire est racontée.

La Déportation des Acadiens s'est produite le long du littoral atlantique du Canada et des États-Unis, région que beaucoup considèrent comme l'une des plus paisibles et prospères de la terre. Voilà une analyse assez acceptable aujourd'hui, mais cette région n'avait rien de paisible à l'époque.

Notre interprétation des événements de la Déportation à Grand-Pré se trouve plus loin dans le livre. Pour le moment, nous tenons à souligner un seul point fondamental. Les événements survenus en 1755 et par après ne sont pas des événements isolés, sans rapport avec ce qui se produit ailleurs dans le monde à l'époque. Bien que les Acadiens aient été un peuple remarquablement indépendant, ils étaient néanmoins influencés et ciblés par des politiques et des mesures adoptées à Halifax, à Boston, à Louisbourg, à Québec et, de l'autre côté de l'Atlantique, à Londres et à Versailles. En fin de compte, c'est l'effet combiné de ces forces extérieures qui a détruit le mode de vie des Acadiens, à Grand-Pré comme ailleurs.

Bien que la Déportation soit une page cruciale de l'histoire traitée dans notre livre, elle ne représente pas toute l'histoire. L'histoire acadienne, y compris celle de Grand-Pré et de la région, remonte bien loin avant les événements de l'été et de l'automne 1755. Une société acadienne bien particulière a pris racine dans les années 1600; elle a grandi puis s'est transformée dans les décennies qui ont suivi. Pour bien comprendre l'impact de la Déportation sur les Acadiens, il faut d'abord saisir la nature du monde qui existait en Acadie avant 1755. C'est une histoire qui s'ouvre sur un début prometteur, qui passe par une expansion remarquable et qui se termine de manière abrupte et tragique. En fait, ce n'est pas vraiment une fin puisque les Acadiens et ceux qui sympathisaient avec eux n'étaient pas prêts à laisser l'Acadie s'éteindre. Longtemps après 1755, au début du XXᵉ siècle, lentement mais sûrement, un lieu historique a vu le jour à Grand-Pré. Ce lieu rejoint des millions de gens partout dans le monde.

# CHAPITRE UN

# L'ACADIE ET GRAND-PRÉ

## AU DÉBUT

Les origines du nom Acadie ont deux explications possibles. Une rattache le nom à une source européenne; l'autre voit un lien avec la langue des Mi'kmaq. Dans la langue des Premières nations de l'actuelle Nouvelle-Écosse, le nom de nombreux endroits comporte la terminaison *ekatie*, qui signifie à peu près « endroit de ». Tracadie et Shubenacadie sont des exemples encore en usage aujourd'hui. En ce qui a trait à l'explication qui repose sur l'origine autochtone du mot Acadie, on pourrait penser que les premiers marins européens ont entendu tellement souvent les Mi'kmaq répéter la terminaison *ekatie* lorsqu'ils parlaient d'endroits dans les Maritimes, qu'ils en ont conclu que c'était le nom de toute la région.

L'autre explication voudrait que le mot soit d'origine européenne. Selon cette théorie, Arcadie serait la désignation que Giovanni da Verrazzano, explorateur florentin naviguant au service de François Ier, roi de France, aurait donnée à une grande partie de la côte est de l'Amérique du Nord en 1524. Inspiré par la littérature classique et la mythologie grecque, où Arcadie est une terre mythique de bonheur et de sérénité, Verrazzano aurait donné le nom idyllique d'Arcadie à ce qui était soit la Caroline du Nord, soit la Virginie, soit le Maryland. Dans les années qui ont suivi, des variations sur le nom — comme La Cadie, Lacadye et Acadie — ont remonté vers le nord le long de la côte pour enfin décrire ce qui est maintenant le nord du Maine, le sud du Nouveau-Brunswick et la partie continentale de la Nouvelle-Écosse.

À notre avis, le nom Acadie doit probablement sa longue existence et son application étendue aux deux sources d'inspiration : l'utilisation par les Mi'kmaq de la terminaison *ekatie* de même que la connaissance par les

*Reconstitution d'une famille mi'kmaq voyageant en canot dans la région avant l'arrivée des Européens.*

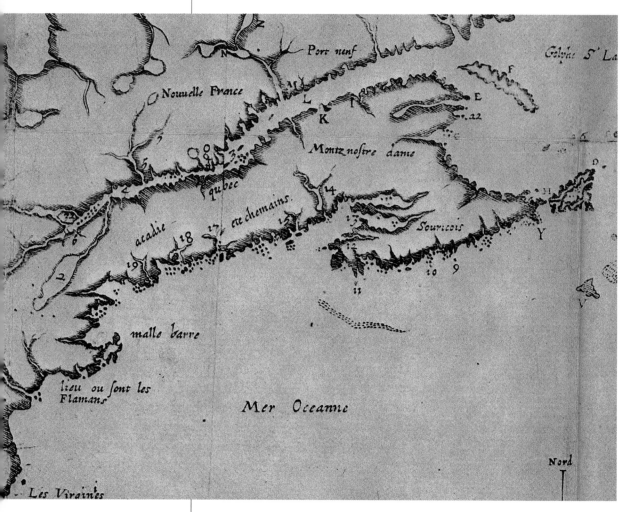

*Dans ce détail d'une carte de Samuel de Champlain, le cartographe a placé « acadie » sur ce qui est maintenant le Maine.*

Européens de l'Arcadie, endroit mythique de la littérature classique. Une théorie vient renforcer l'autre.

Il faudra de nombreuses années après la naissance du nom Arcadie pour qu'il y ait quelque présence française à longueur d'année dans cette partie nord-est de l'Amérique du Nord. Pendant plusieurs décennies, les initiatives coloniales françaises se déroulent ailleurs. Les années 1540 voient une tentative infructueuse de colonisation le long du fleuve Saint-Laurent; les années 1550 voient un effort raté dans la baie de Rio de Janeiro au Brésil; dans les années 1560, il y a deux tentatives de courte durée en Floride. Ce n'est qu'en 1598 que les Français se tournent vers la région que nous connaissons aujourd'hui comme le Canada atlantique. Cela ne veut pas dire que des marins français ou d'autres pays d'Europe ne naviguent pas dans les eaux au large des côtes canadiennes. Des centaines de navires basques, bretons, normands, espagnols, portugais et anglais se trouvent en fait au large de Terre-Neuve et de la Nouvelle-Écosse et dans le golfe du Saint-Laurent pendant toute cette période. Des milliers de pêcheurs viennent récolter les riches stocks de morue. Certains descendent à terre pour échapper au mauvais temps, pour obtenir de l'eau et de la nourriture, et pour tenter d'obtenir des fourrures en faisant commerce avec les différents peuples autochtones de la région.

La première colonie française le long du front pionnier de l'Atlantique s'établit à l'île de Sable, à environ 90 kilomètres au large de la Nouvelle-Écosse. Entreprise en 1598, la colonisation dure jusqu'en 1603 lorsque 11 survivants (sur un contingent original de 250) retournent en France pour expliquer au roi Henri IV ce qui s'était produit.

L'année suivante, en 1604, on voit un nouvel effort de la France. Pierre

*Samuel de Champlain a participé aux entreprises de colonisation tant à Sainte-Croix en 1604 que sur les rives de Port-Royal l'année suivante. Il a produit des plans illustrés des deux colonies. Celui-ci montre l'ensemble des bâtiments à l'île Sainte-Croix.*

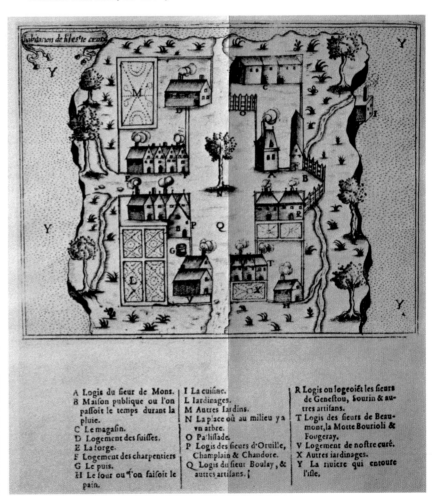

A Logis du sieur de Mons.
B Maison publique ou l'on passoit le temps durant la pluie.
C Le magasin.
D Logement des suisses.
E La forge.
F Logement des charpentiers
G Le puis.
H Le four ou l'on faisoit le pain.

I La cuisine.
L Iardinages.
M Autres Iardins.
N La place où au milieu y a vn arbre.
O Palissade.
P Logis des sieurs d'Oruille, Champlain & Chandore.
Q Logis du sieur Boulay, & autres artisans.

R Logis ou logeoiët les sieurs de Geneftou, Sourin & autres artisans.
T Logis des sieurs de Beaumont, la Motte Bourioli & Fougeray.
V Logement de nostre curé.
X Autres iardinages.
Y La riuiere qui entoure l'isle.

Dugua, sieur de Mons, mène une expédition de colonisation à l'île Sainte-Croix (dans la rivière du même nom et qui fait partie de la frontière entre ce que sont aujourd'hui le Maine et le Nouveau-Brunswick). Les colons passent un hiver mortel où presque la moitié du groupe périt. L'été suivant, en 1605, les survivants partent à la recherche d'un meilleur endroit. Ils finissent par s'établir sur la côte nord de ce que Samuel de Champlain, membre de l'expédition, avait l'année précédente nommé Port-Royal (aujourd'hui, le bassin de la rivière Annapolis). C'est à cet endroit que les colons français assemblent de nouveau l'habitation. La majeure partie de la charpente en bois avait été démontée à l'île Sainte-Croix puis envoyée à Port-Royal.

De nombreux décès surviennent à Port-Royal durant l'hiver 1605-1606, mais moins qu'à Sainte-Croix. Une étape venait d'être franchie.

Les Mi'kmaq sont la principale raison pour laquelle les Français ont lentement commencé à prospérer. Port-Royal, en fait une grande partie des Maritimes, se trouve dans leur territoire traditionnel appelé Mi'kma'ki. Les deux peuples deviennent à la fois des amis et des partenaires commerciaux au début des années 1600. Lorsque le monopole commercial du sieur de Mons est révoqué en 1607, les Français se retirent alors temporairement de la colonie encore jeune. À leur retour en 1610, ils constatent que les Mi'kmaq se sont occupés de l'habitation sur les rives de Port-Royal. Les liens se resserrent davantage cette même année lorsque Membertou, chef des Mi'kmaq, adopte la religion catholique. Au cours des années suivantes, la plupart des Mi'kmaq font de même. Voilà qu'un autre lien s'établit entre les deux peuples.

Les premières années de la colonisation française dans la région de l'Atlantique s'apparentent à un beau livre d'histoires, si l'on fait abstraction de tous les décès et que l'on se concentre sur la création de l'Ordre de Bon Temps et la présentation de la pièce de Marc Lescarbot intitulée *Le théâtre de Neptune*, production flottante et première pièce de théâtre au Canada. Cependant, comme toutes les belles histoires, l'entreprise prend fin. Un groupe d'attaquants venus de Jamestown, en Virginie, pillent et incendient l'habitation de Port-Royal en 1613. Ils avaient auparavant pillé la mission jésuite de Saint-Sauveur sur l'île du Mont-Désert (qui fait partie de l'actuel Maine), et ont ensuite incendié ce qui restait de l'établissement du sieur de Mons à l'île Sainte-Croix. Les Anglais sont déterminés à empêcher les Français de coloniser ce territoire qu'ils disent appartenir à l'Angleterre. Voilà qui prépare la voie pour la lutte en Amérique du Nord entre la France et l'Angleterre, lutte qui durera les 150 prochaines années.

Après la destruction de l'établissement de Port-Royal, seuls quelques Français restent en Acadie. Les deux personnages les plus en vue sont Charles de Biencourt, qui avait hérité de la propriété de son père à Port-Royal, et Charles de La Tour. Ils maintiennent au moins une faible présence française tout en

*Couple acadien vers 1640.*

poursuivant leur traite de la fourrure à différents endroits, y compris au fort de La Tour à Cap-Sable. Par contre, vers la fin des années 1620, l'Acadie verra l'arrivée d'encore un autre groupe avec des prétentions territoriales.

## ON S'ENRACINE

En 1629, un groupe de colons écossais passent en bateau devant l'endroit où se trouvait l'habitation des Français sur les rives de Port-Royal et construisent leur propre fort sur une pointe de terre au confluent de ce que sont aujourd'hui les rivières Annapolis et Allain. Selon une carte préparée par Champlain, ce serait à peu près l'endroit où les Français ont planté des champs de blé entre 1605 et 1613. Des vestiges du fort écossais font partie de l'actuel fort Anne. Les Écossais ne restent que trois ans dans la région, mais ils continuent une tradition et en créent de nouvelles. Celle qu'ils maintiennent consiste à appeler la région Port-Royal. Les traditions qu'ils laissent sont toujours avec nous au XXIe siècle. Une d'entre elles est le nom donné à la région que les Français appelaient Acadie. La charte de la colonie écossaise, rédigée en latin, appelle le territoire *Nova Scotia*, ce qui signifie nouvelle Écosse. Une autre tradition concerne les armoiries que le roi Charles 1er accorda à sir William Alexander en 1625. Les armoiries sont celles de l'actuelle province canadienne de la Nouvelle-Écosse et le drapeau propre à la Nouvelle-Écosse s'inspire de l'image figurant sur l'écu des armoiries.

En 1632, après la signature d'un traité à Saint-Germain-en-Laye, en Europe, Port-Royal revient entre les mains de la France. Pendant plusieurs années, dans les années 1630, La Hève (dans l'actuelle Nouvelle-Écosse) est le nouvel établissement principal des Français, avec Isaac de Razilly à sa tête. Les colons s'affairent à pêcher, à cultiver la terre, à couper du bois et à faire du commerce. Lorsque de Razilly meurt soudainement en 1636, l'entreprise perd de sa cohésion. Peu de temps après, le nouveau dirigeant, Charles de Menou d'Aulnay, et la plupart des colons déménagent à Port-Royal (près du bassin de l'Annapolis). L'endroit qu'ils choisissent n'est toutefois pas celui où s'élevait l'habitation entre 1605 et 1613. Au lieu de cela, ils s'établissent dans la région où les Écossais avaient bâti leur fort en 1629. Ils conservent le nom de Port-Royal qui existait à ce moment-là depuis trois décennies.

C'est durant les années 1630 que les premières familles françaises s'établissent dans la colonie. La colonisation initiale de 1605 à 1613 avait surtout

comme objectif la traite des fourrures, et n'avait amené que des hommes adultes. La migration de familles de France jusqu'en Acadie dans les années 1630 signale un virage important. Dès 1650, il y a environ 50 familles d'origine européenne dans la région, portant à 400 la population totale des colons. Bien des individus et quelques familles de plus arrivent durant les années suivantes. Selon l'historienne Naomi Griffiths, de vingt-cinq à trente pour cent des mariages enregistrés comportaient un partenaire venu d'outre-Acadie. Néanmoins, le

fait est que les 50 familles initiales plantent les racines des milliers d'Acadiens qui composeront la population de la région dans les années 1750.

La majorité des premiers colons permanents en Acadie viennent de la région du Centre-Ouest en France

*À gauche : La construction des maisons et des granges et l'édification d'autres grands projets en Acadie exigeaient la participation de toute la collectivité. Beaucoup de villages ont commencé par un établissement d'une famille étendue.*

*Ci-dessus : Des renseignements archéologiques et historiques sur un site mis au jour à Belleisle, en Nouvelle-Écosse, suggèrent que ce serait là l'apparence de cette propriété aca-dienne dans les années 1720.*

*Les Acadiens sont de sérieux commerçants, ce qui diffère du caractère isolé et bucolique que nous ont présenté certains auteurs et peintres. Ceux qui vivent dans les grandes collectivités, comme Grand-Pré et Beaubassin, envoient du bétail et des fruits et légumes aux colonies françaises de la région, en Nouvelle-Angleterre et aux garnisons britanniques à Annapolis Royal et à Halifax. En retour, les Acadiens obtiennent des produits qu'ils ne peuvent pas fabriquer eux-mêmes.*

(Poitou, Aunis, Saintonge). Pourtant, la population compte aussi des Basques, des Bretons, des Normands, des Écossais, des Irlandais, des Anglais et d'autres Européens. D'autres souches, dans le profil en pleine évolution de la population acadienne, proviennent des rapports avec des femmes autochtones. C'est depuis au moins 1605 qu'il existe des liens serrés, y compris plusieurs cas de mariages mixtes, entre des Français et des femmes des tribus Mi'kmaq, Wolastoqiyik (Malécites) et Abénaquis.

La multiplicité des origines, des antécédents, des coutumes, des accents et autres variables contribue à former un peuple qui, lentement mais sûrement, commence, avec le temps, à ne plus se voir exactement comme Français mais comme un nouveau peuple distinct. Ce nouveau peuple est constitué d'Acadiens et d'Acadiennes qui ont maintenant une identité et des intérêts propres. La rupture entre cette nouvelle réalité et les traditions ancestrales semble commencer une ou deux générations après le début de l'arrivée des premiers colons dans les années 1630.

## AU-DELÀ DES CLICHÉS

On a généralement l'impression au XXI<sup>e</sup> siècle que les Acadiens de la fin des années 1600 et du début des années 1700 sont des familles d'agriculteurs vivant dans l'actuelle vallée de l'Annapolis. C'est vrai, mais il manque des éléments à ce tableau. La réalité est plus compliquée.

Les Acadiens s'adonnent à de nombreuses occupations et vivent à beaucoup d'endroits. L'agriculture est certainement l'occupation dominante, mais elle n'est pas la seule. Nous ne devons pas oublier l'observation de l'historienne Naomi Griffiths selon laquelle il y avait « très peu d'Acadiens pour qui la mer, avec toutes ses humeurs et tous ses mystères, était tout à fait inconnue ». Les Acadiens étaient des pêcheurs, des marchands, des commerçants, des bûcherons et des gens possédant d'autres compétences ou exerçant d'autres métiers — comme ceux de tonnelier, de meunier et de forgeron. Même ceux qui cultivent la terre n'y passent pas tout leur temps. Après tout, le climat rend ce travail impossible pendant plusieurs mois de l'année! Ceux qui cultivent la terre s'occupent aussi de grands troupeaux de bêtes à cornes, de moutons et de porcs; ils construisent des bateaux; ils récoltent des fruits dans les vergers plantés sur les plateaux; ils coupent du bois de chauffage et ils exploitent des moulins à vent et à eau.

De nombreux Acadiens font du commerce et obtiennent ainsi des biens qu'ils ne peuvent pas se procurer autrement. Ils concluent des ententes commerciales ou de troc avec l'administration britannique à Annapolis Royal*, avec les Amérindiens, les gens de la Nouvelle-Angleterre, de même qu'avec les Français de l'île Saint-Jean (Île-du-Prince-Édouard), de l'île Royale (île du Cap-Breton) et du Canada (le long du fleuve Saint-Laurent). Après 1713, quand l'Acadie devient la Nouvelle-Écosse, l'administration britannique est de plus en plus ennuyée par le commerce de bétail et de nourriture qui se fait entre les fermiers acadiens et les colonies françaises voisines. Aux yeux des Britanniques, cela représente un commerce avec un ennemi éventuel.

La diversité des métiers n'a d'égale que la diversité des lieux colonisés. Les Acadiens ne se regroupent jamais en des collectivités urbaines densément peuplées comme celles que l'on trouve à cette époque à Québec ou à Louisbourg, ou dans les villes de la Nouvelle-Angleterre. Au contraire, les Acadiens tendent à se répartir dans des régions choisies avec soin, normalement près des marais salés — les maisons, les granges, les jardins, les moulins et l'église paroissiale formant des enfilades sans forme bien définie. Un fonctionnaire britannique avait décrit la collectivité de Grand-Pré en 1720 comme « un village éparpillé ». En 1731, un visiteur de la Nouvelle-Angleterre avait décrit Beaubassin comme des

---

* En 1710, les Britanniques établissent une garnison à Port-Royal et nomment l'endroit Annapolis Royal en l'honneur du monarque de l'époque, la reine Anne.

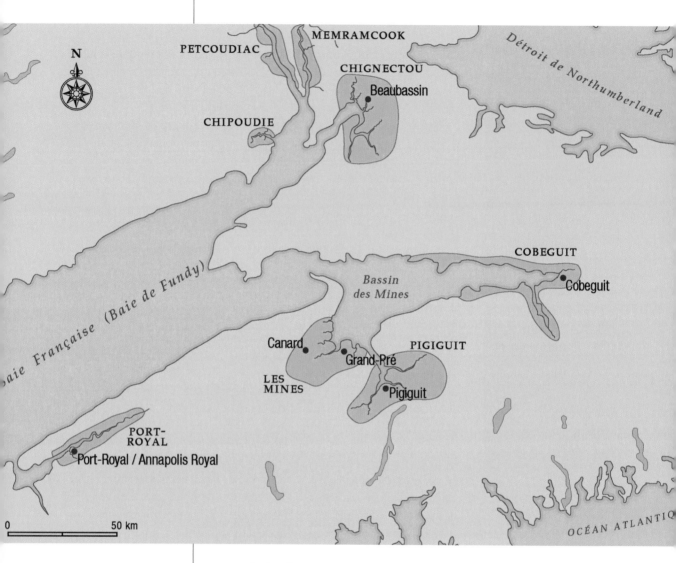

groupes isolés de quatre, cinq ou six maisons, séparés les uns des autres par
« de petits intervalles ». Le village acadien typique se compose de grandes
familles étendues.

Les communautés les plus populeuses sont celles qui se sont constituées
près des marais fertiles le long de la Baie Française (la baie de Fundy). La première concentration d'importance est à Port-Royal (Annapolis Royal). Les
colons se sont vite répandus, surtout en aval le long de la rivière Dauphin (la
rivière Annapolis). Au début des années 1670, la région de Port-Royal connaît
plusieurs exodes. Les motivations varient selon la période et les situations
individuelles. La plupart de ceux qui déménagent dans de nouvelles

*En 1850, l'artiste anglais Miles Birket Foster propose les premières représentations visuelles de ce à quoi Grand-Pré aurait pu ressembler. L'interprétation de Foster n'a aucun fondement historique ou archéologique, c'est pourquoi elle est une représentation imaginaire de l'Acadie qui ressemble beaucoup à une image idéalisée de la campagne anglaise que l'artiste connaît bien.*

régions sont des jeunes qui veulent faire leur vie sur leur propre terre. Le désir de s'éloigner des fonctionnaires du gouvernement et de Port-Royal, cible militaire, sont d'autres facteurs importants.

La carte figurant à la page précédente montre les principales régions colonisées par les Acadiens. Il manque pourtant deux aspects importants à cette carte. Le premier est la présence des Mi'kmaq, qui vivaient dans certaines colonies acadiennes ou près de celles-ci, et qui récoltaient certainement des ressources dans la région. Le deuxième élément manquant est le fait qu'après 1713, les Britanniques considéraient presque toute la région illustrée comme la Nouvelle-Écosse, et la considéraient d'ailleurs comme leur territoire, tel que confirmé par le Traité d'Utrecht en 1713.

La région de Chignectou est la première destination de choix pour ceux qui veulent repartir à neuf et se faire une vie loin de Port-Royal. Dans cette région, dès les années 1670 et durant les 80 années qui vont suivre, les Acadiens fondent Beaubassin, Petcoudiac, Chipoudie et d'autres localités.

Au début des années 1680, les premiers Acadiens quittent Port-Royal en direction des Mines (le long du bassin des Mines) où Grand-Pré et Pigiguit (Windsor) se développeront. Cette région verra la réalisation de grands travaux d'endiguement et viendra à être connue comme le « grenier de l'Acadie ».

En 1686 et par la suite, les Acadiens s'établissent en assez grand nombre dans ce qui est maintenant le comté de Colchester, de Masstown à Truro, puis le long de la rive jusqu'à Old Barns et un peu plus loin. De façon globale, ce district s'appelait Cobeguit.

Même si Beaubassin, Grand-Pré, Pigiguit, Cobeguit et la région de Port-Royal/Annapolis Royal sont les localités acadiennes les plus importantes, il est utile de se rappeler qu'il y a d'autres Acadiens, des individus et des familles, qui vivent ici et là dans des anses, des baies et le long de rivières un peu partout

## Une foi toujours fervente

Missionnaires en route vers
l'Amérique du Nord

L'attachement des Acadiens à la foi catholique est la pierre angulaire de la collectivité, à Grand-Pré comme partout dans la région. Elle contribue à façonner leurs croyances et leurs coutumes et elle définit une partie de leur identité. Le fait que leurs voisins autochtones, les Mi'kmaq, soient aussi catholiques fournit une autre raison encore pour justifier les liens étroits entre les deux peuples. Entre 1604 et 1755, plus de 200 prêtres sont missionnaires en Acadie / Nouvelle-Écosse. La plupart viennent de France et appartiennent à des ordres religieux connus. Ils sont sulpiciens, spiritains, prêtres des Missions étrangères, jésuites, capucins et récollets. Il y a un nombre limité de prêtres séculiers.

Bien que les Acadiens trouvent réconfort dans leur foi, cette dernière est une source de préoccupation pour les administrateurs britanniques de la colonie après 1713. À cette époque, l'appartenance religieuse est considérée plus importante que la langue ou l'ethnicité quand vient le temps de parler de loyauté. Ainsi, les fonctionnaires protestants en Grande-Bretagne et dans les colonies s'inquiètent constamment du sérieux de la loyauté des sujets catholiques de leur royaume, tant au pays qu'outre-mer. C'est l'inverse dans les territoires français où l'administration s'inquiète des sujets non catholiques. C'est surtout dans le but de régler ces questions que l'on fait appel aux serments. Ils sont un moyen à la disposition des fonctionnaires, au nom d'un monarque, pour s'assurer que les sujets demeurent loyaux.

dans la région. Ceux qui vivent le long des côtes sud, est et nord de la partie continentale de la Nouvelle-Écosse — à des endroits comme Cap-Sable, La Hève, Chebouctou, Chezzetcook et Tatamagouche — ne sont pas moins Acadiens parce qu'ils ne gagnent pas leur pain sur les marais cultivés, ou près de ces marais, le long de la baie de Fundy et d'autres baies.

Un cliché particulièrement tenace veut que la société acadienne d'avant les déportations ne change pas — qu'elle soit un magnifique tableau statique. Une telle perception est loin de la réalité. Il est vrai que l'Acadie décrite par le poète américain Henry Wadsworth Longfellow, soit le monde littéraire d'une Évangéline imaginaire, est un endroit au-delà du temps et du changement. Par contre, ce n'est pas la vraie Acadie / Nouvelle-Écosse. La région a connu des contextes constamment différents et a vécu des périodes difficiles. Le monde qui existait en 1755 — sur les plans de la démographie, de l'économie, de la politique et dans toutes les autres sphères de la vie — est différent de ce qu'il était en 1730. Celui de 1730 l'est encore de ce qu'il était en 1710, et ce dernier l'est encore de ce qu'il était en 1680, et ainsi de suite. Nos propres vies ne sont pas à l'abri des changements, pourtant nous semblons l'oublier quand nous jetons un coup d'œil sur le passé.

Comme un pendule, le va-et-vient incessant entre les régimes français et britanniques sera de loin le développement politique et militaire le plus important avec lequel les Acadiens devront vivre. Malheureusement pour les gens qui vivent ici, la terre qu'ils occupent est un endroit stratégique fort convoité, une terre frontalière entre deux empires rivaux de même que la patrie de différents peuples autochtones.

### LA POPULATION DE L'ACADIE, ÉTABLISSEMENTS CHOISIS

| | 1671 | 1686 | 1687-88 | | 1693 | 1701 |
| | | | Français | Amérindiens | | |
|---|---|---|---|---|---|---|
| Acadie (en général) | 392-500 | 885–932 | 877 | 1119 | 1009 | 1134-1450 |
| Port-Royal | 340-350 | 583 | 456 | 36 | 499 | 456 |
| Grand-Pré/Les Mines | | 57 | 110 | 50 | 305 | 487 |
| Beaubassin/Chignectou | | 127 | 102 | 21 | 119 | 188 |
| Cap-Sable | | 15 | 22 | 24 | | |
| Rivière Saint-Jean | | 16 | 23 | 294 | | |
| Lincourt, etc. (N.-B.) | | | 30 | 357 | | |
| La Hève | | 19 | 12 | 48 | | |
| Chedabouctou | | 21 | 51 | 52 | | |
| Cap-Breton et St-Pierre | | | 6 | 129 | | |
| Chebouctou (Halifax) | | | 3 | 33 | | |

Source : Muriel K. Roy, « Peuplement et croissance démographique en Acadie » dans Jean Daigle, réd., *Les Acadiens des Maritimes* (Moncton : Centre d'études acadiennes, 1980), p. 135-151; et « A Comparison of the Censuses of Acadie the Years 1671, 1686, 1687-8, 1693 » dans William Inglis Morse, réd., *Acadiensia Nova (1598-1779)* Vol. 1 (Londres : Bernard Quaritch, 1935), pp. 138-160.

## L'ACCROISSEMENT DE LA POPULATION

Dès 1755, on estime qu'il y a de 12 000 à 14 000 Acadiens dans la région connue aujourd'hui comme les Provinces maritimes. Pour parvenir à ce nombre, la croissance s'est faite de manière naturelle, et non par l'immigration. En outre, l'essentiel de la croissance de la population est survenu après 1700. Le tableau ci-dessus révèle que le nombre d'Acadiens a augmenté relativement lentement durant la seconde moitié du XVIIe siècle.

La liste des communautés est incomplète, en ce sens que des Acadiens vivent dans de petites colonies qui ne sont pas énumérées ici. Un recensement effectué en 1687-1688 relève en tout 48 villages et peuplements. Deuxièmement, la croissance rapide des communautés du bassin des Mines est déjà en cours dès 1701. C'est à peu près à ce moment-là que la population du district des Mines et de Grand-Pré dépasse celle de Port-Royal. La région affichera une croissance encore plus spectaculaire après 1701.

Un dernier point porte sur l'importance de la population autochtone en 1687-1688. Le nombre de Mi'kmaq et de Wolastoqiyik (Malécites), tels que dénombrés ou estimés par les recenseurs français, dépasse le nombre de colons français. La population acadienne en viendra à dépasser l'ensemble de la population autochtone dans les années 1700, mais ce n'est pas là toute l'histoire. Il ne faut pas oublier que les colons français occupent toujours une partie relativement petite de l'ensemble du territoire de la région. La majeure partie de l'Acadie (peu importe comment on la définit) demeure la terre natale des Mi'kmaq et des Wolastoqiyik (Malécites).

## LA COLLECTIVITÉ DE GRAND-PRÉ

Les soldats de Church ont détruit la plupart des bâtiments à Grand-Pré durant l'attaque de 1704.

Lorsque les marais salés les plus facilement endigables dans la région de Port-Royal sont enlevés à la mer, les fils, les filles et les petits-enfants des familles acadiennes d'origine commencent à se chercher des marais semblables ailleurs dans la région. Étant donné la très grande fertilité obtenue une fois que les marais salés sont endigués et drainés, les secteurs les plus recherchés sont ceux où il sera possible de transformer un marais salé en une terre agricole. Grand-Pré est l'un de ces secteurs et son potentiel est énorme. Le désir de trouver de nouvelles terres n'est toutefois pas le seul facteur derrière les migrations volontaires loin de Port-Royal.

Les Acadiens accordent beaucoup d'importance à leur indépendance. Ils veulent se tenir loin de l'œil vigilant des administrations française ou britannique en place, selon l'époque. Le refus de Pierre Melanson dit La Verdure, en 1671, de coopérer avec les recenseurs français en est un bon exemple. Un tel caractère est un trait distinctif de nombreux Acadiens, mais peu d'entre eux partagent la méfiance de Melanson à l'endroit du recenseur français, en l'occurrence le curé de la paroisse. Jacques-François Mombeton de Brouillan, commandant français et plus tard gouverneur de l'Acadie, dit en 1701 que « les habitants, si peu accoutumés à la Domination, vivent comme de vrais républicains. Ils ne reconnaissent ni l'autorité royale, ni la justice ». Paul Mascarene, plus tard gouverneur de l'administration britannique, fait un commentaire semblable en 1720 : « Ils se mettent en position de n'obéir à aucun gouvernement. »

Un autre facteur qui contribue aux migrations acadiennes vers les régions de Chignectou, des Mines et de Cobeguit est probablement le désir d'échapper aux attaques périodiques contre Port-Royal lancées par les troupes françaises, anglaises et de la Nouvelle-Angleterre, ou du moins de s'en éloigner. L'idée répandue de l'Acadie terre paisible aux richesses abondantes empêche bien des gens de constater à quel point l'Acadie était un immense champ de bataille. Durant les 20 ans qui vont de 1690 à 1710, l'administration française ne croit

## La dévastation de 1704

*Partie de la Nouvelle-Angleterre, une expédition menée par Benjamin Church détruit les maisons et les digues à Grand-Pré en juin 1704. La description suivante de l'attaque provient d'une œuvre publiée au XVIIIe siècle.*

« *Le lendemain, à l'aube, le colonel Church a ordonné à ses soldats d'avancer et de repousser l'ennemi devant eux; fuyant le village et l'abandonnant aux attaquants, les habitants avaient emporté avec eux leurs meilleurs effets, que nos soldats ont vite fait de trouver. La plus grande partie de l'ennemi se trouvant à notre droite, de violents échanges s'y produisirent. Ils étaient cachés derrière des billots et des arbres jusqu'à ce que nos soldats les forcent à s'enfuir.*

« *À l'approche de la nuit, le colonel Church a ordonné à certains de ses soldats de défaire des maisons et à d'autres d'aller chercher des billots et de bâtir une fortification pour que toute son armée puisse s'y loger cette nuit-là; pour qu'ils puissent tous être ensemble. Et juste avant la nuit [il] a ordonné à certains de ses hommes d'aller voir s'il y avait des hommes dans les maisons du village; sinon, d'incendier toutes les maisons, ce qui fut fait; et tout le village semblait avoir pris feu en même temps…*

« *Le lendemain, le colonel a ordonné à ses hommes de creuser les digues et de laisser entrer la marée pour détruire toutes leurs céréales et tout ce qui était bon.*

« *Durant la nuit [ils] ont embarqué dans leurs baleinières, puis ils ont fait débarquer à terre certains de leurs hommes, s'attendant à rencontrer peut-être l'ennemi en train de réparer les digues; ce qui se produisit. Et avec leurs bateaux, ils ont remonté une autre branche de la rivière jusqu'à un autre hameau ou village, [et] devant une telle surprise, ils ont pris autant de prisonniers qu'ils le désiraient.* »

pas qu'il soit prudent de rester à Port-Royal. Elle s'installe plutôt le long de la rivière Saint-Jean où elle espère pouvoir éviter les assauts des troupes de la Nouvelle-Angleterre. S'éloigner de Port-Royal est donc une réaction humaine compréhensible de la part des Acadiens. Malheureusement, des endroits éloignés comme Beaubassin et Les Mines verront aussi à leur tour la dévastation. Un de ces incidents est l'expédition de soldats de la Nouvelle-Angleterre que Benjamin Church mène contre Grand-Pré en 1704.

La colonisation de la région des Mines (Minas) commence au début des années 1680 lorsque Pierre Melanson, son épouse Marie-Marguerite Mius

Ci-haut : Grand-Pré a fini par être appelé le « grenier » de l'Acadie à cause des récoltes abondantes qu'on y produisait et du bétail que l'on pouvait vendre ailleurs.

À droite : La construction des digues demandait de l'ingéniosité pour parvenir à contourner la force des plus hautes marées au monde. Il fallait aussi que beaucoup de gens de la communauté contribuent au travail. Selon certains historiens, la collaboration nécessaire à la construction et à l'entretien des digues avait l'avantage de produire un sentiment de solidarité et de cohésion parmi les Acadiens.

## Les Acadiens
### et la construction des digues

C'est à Port-Royal, dans les années 1630, que l'on trouve le premier exemple d'agriculture sur des terres endiguées. L'initiative de ces premiers projets semble provenir de Charles de Menou, sieur d'Aulnay. Certains colons viennent de régions de France où les terres sont basses et où ils se sont sans doute familiarisés avec les techniques de l'aboiteau et de la construction de digues.

Lorsque les premiers Acadiens arrivent dans la région autour du bassin des Mines, ils élèvent rapidement des digues pour pouvoir se livrer au type d'agriculture qu'ils préfèrent. Les nombreux ruisseaux et rivières qui se déversent dans le bassin passent par de grandes vasières où les hautes marées de la baie Française (baie de Fundy) laissent un riche sol alluvial. Une fois endiguée et dessalée, cette région deviendra l'une des plus fertiles sur terre. Un autre attrait de la région des Mines est son micro-climat relativement chaud qui la rend plus attrayante que la région de Port-Royal.

d'Entremont et leurs enfants partent de Port-Royal pour s'établir à Grand-Pré. Melanson est issu d'une des familles les mieux établies et les plus prospères en Acadie. Son frère Charles est resté dans le secteur de Port-Royal où lui et sa famille vivent dans le village de Saint-Charles, endroit qui est maintenant un lieu historique national appelé l'Établissement Melanson. Avec le temps, Pierre deviendra agent seigneurial ou procureur fiscal pour d'autres familles de la région des Mines. Il devient capitaine de milice, dirigeant reconnu et personnage local ayant une influence et une autorité.

À peu près au même moment où la famille Melanson s'établit à Grand-Pré, Pierre Terriot et sa femme Cécile Landry fondent un établissement sur la rivière Saint-Antoine (aujourd'hui la rivière Cornwallis). D'autres suivent peu après et de nombreux établissements acadiens dynamiques se développent le

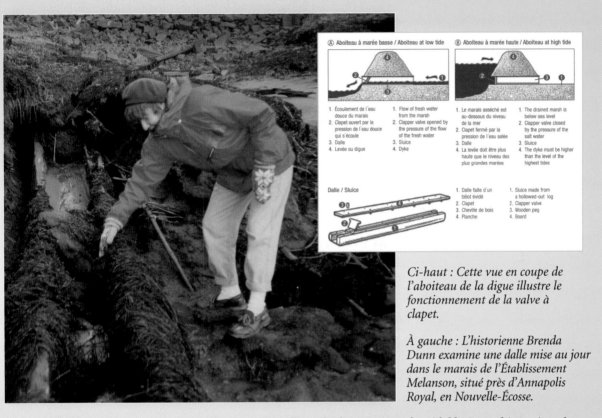

(A) Aboiteau à marée basse / Aboiteau at low tide   (B) Aboiteau à marée haute / Aboiteau at high tide

| 1. Écoulement de l'eau douce du marais | 1. Flow of fresh water from the marsh |
| 2. Clapet ouvert par la pression de l'eau douce qui s'écoule | 2. Clapper valve opened by the pressure of the flow of the fresh water |
| 3. Dalle | 3. Sluice |
| 4. Levée ou digue | 4. Dyke |

| 1. Le marais asséché est au-dessous du niveau de la mer | 1. The drained marsh is below sea level |
| 2. Clapet fermé par la pression de l'eau salée | 2. Clapper valve closed by the pressure of the salt water |
| 3. Dalle | 3. Sluice |
| 4. La levée doit être plus haute que le niveau des plus grandes marées | 4. The dyke must be higher than the level of the highest tides |

Dalle / Sluice

| 1. Dalle faite d'un billot évidé | 1. Sluice made from a hollowed-out log |
| 2. Clapet | 2. Clapper valve |
| 3. Cheville de bois | 3. Wooden peg |
| 4. Planche | 4. Board |

*Ci-haut : Cette vue en coupe de l'aboiteau de la digue illustre le fonctionnement de la valve à clapet.*

*À gauche : L'historienne Brenda Dunn examine une dalle mise au jour dans le marais de l'Établissement Melanson, situé près d'Annapolis Royal, en Nouvelle-Écosse.*

Le défi de trouver un moyen d'empêcher les marées d'inonder les marais est formidable. Deux fois par jour, le niveau de la mer s'élève de 12 à 15 mètres, recouvrant une vaste étendue. Du haut des collines toutes proches, les Acadiens peuvent observer que les marais intertidaux se déversent naturellement, à marée basse, dans les différents ruisseaux. Suivant le contour naturel du sol, ils élaborent un ordre à partir duquel ils érigent les digues à des endroits stratégiques. Leur méthode repose sur la digue en terre et son ingénieux aboiteau qui est une sorte de dalle équipée d'un clapet. Une fois la digue en place, le clapet s'ouvre et se ferme au gré du flux et du reflux de la marée, permettant ainsi à l'eau douce d'être évacuée et empêchant l'eau salée d'entrer dans les terres.

long de plusieurs rivières et ruisseaux qui se déversent dans le bassin des Mines — rivière Sainte-Croix, rivière de l'Ascension, rivière Pigiguit (rivière Avon), Baye de Cobeguit (la région de Truro), rivière Saint-Antoine, aussi appelée rivière des Habitants (rivière Cornwallis), rivière des Gasparots (rivière Gaspereau), rivière aux Canards et la rivière des Vieux Habitants (ruisseau Habitant). Le district des Mines devient le principal centre agricole et le grenier de l'Acadie.

Dès le début des années 1700, Grand-Pré est l'établissement le plus populeux de la région des Mines. Le village s'étend le long du plateau bordant le grand pré entre les localités actuelles de Wolfville et de Hortonville. Cette localité toute en longueur comprend des maisons, des bâtiments de ferme, des entrepôts, des moulins à vent et l'église paroissiale de Saint-Charles-des-Mines. Lors d'une visite en 1699, le commandant Joseph Robineau de Villebon remarque un moulin à scie et sept ou huit moulins à farine.

## GAGNER DU TERRAIN SUR LA MER

À Grand-Pré, tout comme à Beaubassin, à Pigiguit, à Cobeguit et à Port-Royal/Annapolis Royal ou tout près de cet endroit, les Acadiens aménagent leurs établissements de manière à tirer parti des marais salés possiblement fertiles. Puisque la mer recouvre les marais pendant plusieurs heures, deux fois par jour, c'est un défi pour les Acadiens que de tirer profit de ce potentiel. Il n'y a qu'un seul moyen : il faut d'abord endiguer les marais pour repousser la mer et ensuite éliminer le sel du sol. Une fois cette tâche accomplie, ce qui prend normalement de deux à trois ans, les marais fournissent un sol beaucoup plus fertile que celui qui peut être obtenu en défrichant les terres forestières des plateaux situés à proximité.

Personne d'autre en Amérique du Nord ne développe des collectivités agricoles fondées sur des terres récupérées de la mer à la manière des Acadiens. L'endiguement comme tel n'est pas une innovation acadienne; c'est une vieille technique connue des Européens, des Chinois et peut-être d'autres peuples, et qui remonte à plusieurs siècles. Les Acadiens adaptent la technique à une région où les marées sont parmi les plus hautes au monde. Il faut alors beaucoup de savoir-faire en génie. C'est grâce à leurs réalisations dans ce domaine que les Acadiens sont appelés les défricheurs d'eau.

La première digue que les Acadiens construisent à Grand-Pré est située au bord des plateaux, à environ 100 mètres de l'endroit où se dresse aujourd'hui l'église-souvenir de Grand-Pré. Avec les années, ils étendent graduellement les secteurs fermés, transformant lentement mais sûrement des hectares de marais intertidaux en terres agricoles fertiles. Des années 1680 jusqu'à 1755, les Acadiens de Grand-Pré enlèvent littéralement à la mer le vaste secteur du grand pré.

Les Acadiens tirent du grand pré des récoltes abondantes de blé, d'avoine, d'orge, de seigle, de maïs, de chanvre, de foin et de pois. Des témoins oculaires ont dit que « les champs étaient tellement remplis de cosses qu'il fallait le voir pour le croire ». En plus de cultiver des céréales et d'autres plantes, les Acadiens élèvent d'énormes quantités de bétail, y compris des bêtes à cornes, des moutons, des chevaux, des porcs et de la volaille.

Sur les plateaux, près de leurs maisons, les Acadiens plantent normalement des jardins potagers. Ces jardins produisent en abondance des légumes racines, des choux, des herbes et des légumes. On trouve tout près des vergers à fruits où l'on cueille des pommes et des poires. Il est courant aussi de cultiver du lin. Pour embellir les environs, et pour peut-être les utiliser dans la construction des digues, les Acadiens ont introduit les saules. Cette espèce se répandra dans toute la région, mais elle est toujours plus abondante dans les secteurs colonisés par les Acadiens.

## LA NATURE DE LA SOCIÉTÉ ACADIENNE

Les rapports familiaux sont la clé de la cohésion de la société acadienne. Les liens familiaux influencent le mode d'aménagement des établissements et sont indispensables au système agricole des Acadiens. L'entretien continu des digues est essentiel, car si les marées parviennent à percer les digues, les prés

pourraient être ruinés pendant quelques années, soit le temps nécessaire pour en éliminer de nouveau le sel. Cette menace pèse sur tous les fermiers qui en possèdent une partie.

Les femmes jouent des rôles essentiels dans la société acadienne, comme elles le font dans toutes les sociétés. Elles participent à presque tous les aspects de la vie communautaire. Elles se joignent aux hommes dans les champs lors des semences et des récoltes. La construction et l'entretien des digues semblent être uniquement le lot des hommes, même si les femmes aident en apportant nourriture et boissons. Le soin de la volaille et des vergers revient surtout aux femmes. Les femmes et les jeunes filles voient aussi à l'entretien ménager, à la préparation des repas, à l'entretien des jardins, à la traite des vaches et à la surveillance des bandes de poules, de poulets et d'oies. Elles cardent, filent et tissent la laine des moutons; elles font également du tissu à l'aide du lin récolté dans leurs champs. Des ballots de tissu importé de Louisbourg et de la Nouvelle-Angleterre sert à confectionner des vêtements pour la famille. Certaines femmes acadiennes font également du commerce.

Les hommes et les garçons de Grand-Pré et des autres localités acadiennes se tournent vers la forêt pour chasser et trapper et pour en tirer du bois de chauffage et de construction. Ils construisent des maisons, des hangars, des moulins et des bateaux. Les Acadiens font aussi le commerce des fourrures avec les Mi'kmaq. Il y a des sentiers et des chemins à l'intérieur des grandes localités et certains sentiers relient les grands secteurs colonisés. En général, les Acadiens comptent sur la mer et les rivières pour le transport de même que pour la pêche.

*Bien qu'il y ait eu beaucoup à faire en Acadie, il y avait aussi du temps pour se détendre. Dans les villages, petits et grands, peuplés de familles étendues et d'amis, on aimait chanter, danser et raconter des histoires.*

*Pages précédentes : Cette interprétation de l'intérieur d'une maison acadienne typique s'inspire d'informations archéologiques et historiques.*

Les années 1720, 1730 et 1740 seront marquées par une importante croissance de la population acadienne. C'est également une période où les surplus de céréales et de bétail sont envoyés en Nouvelle-Angleterre et aux colonies françaises de l'île Royale (le Cap-Breton) et de l'île Saint-Jean (l'Île-du-Prince-Édouard) situées tout près. Même s'il est une source de prospérité, les fonctionnaires britanniques considèrent le commerce avec Louisbourg et les autres établissements français non seulement indésirable, mais illégal. De la même manière, lorsque les Acadiens font du commerce avec la Nouvelle-Angleterre durant la période qui précède la conquête de la colonie par les Britanniques (de 1710 à 1713), les autorités françaises considèrent ce commerce illégal.

Qu'ils soient français ou britanniques, les marchands fournissent aux Acadiens des biens qui, autrement, ne sont pas disponibles. Les commerçants apportent du tissu, de la laine (qui vient s'ajouter à ce qui se produit sur les métiers à tisser locaux), de la quincaillerie et des ustensiles de fabrication britannique. Au nombre des autres produits importés, notons le sucre, la mélasse, le tabac et le rhum provenant des Antilles françaises. Des fouilles archéologiques confirment que les Acadiens avaient un large éventail de céramiques importées et d'autres produits.

La collaboration communautaire mentionnée plus haut dans le cas de la construction des digues se retrouve dans d'autres aspects de la vie quotidienne.

La construction d'une maison pour des nouveaux mariés, le broyage du lin, le tissage des étoffes, la boucherie des animaux, les semences du printemps et les récoltes d'automne — voilà toutes sortes d'occasions pour de joyeuses célébrations. La collaboration et le soutien se manifestent aussi en cas de désastre, par exemple, lorsqu'une tempête ou une onde de tempête endommage une digue, ou qu'un incendie détruit une maison, ou qu'une attaque ennemie sème la mort et la dévastation.

On sait peu de choses sur la manière dont les habitants passaient leur temps libre. Un observateur a dit qu'ils s'amusaient « de chansons et de danses rustiques » durant les longs hivers. Des fouilles archéologiques ont permis de mettre au jour des guimbardes. Les violons sont sans doute aussi un instrument populaire puisqu'on les retrouve dans la documentation sur Louisbourg. Compte tenu de la riche tradition musicale des Acadiens d'aujourd'hui, il ne fait aucun doute que les chansons, la danse et les histoires sont des éléments importants de la vie de leurs ancêtres durant la période avant 1755.

Comme beaucoup dans les années 1700, les Acadiens, à l'occasion, fument la pipe et boivent du vin, de la bière d'épinette, du rhum, et du cidre de pommes. Ils jouent aussi aux cartes, passe-temps populaire à l'époque.

Les habitants acadiens des Mines et d'autres districts adoptent certaines des habitudes ou pratiques des Mi'kmaq. En matière de transport, on utilise l'hiver des raquettes pour marcher dans la neige épaisse et, l'été, on se déplace en canot le long des cours d'eau. De manière générale, il y a des liens étroits entre les Acadiens et les Mi'kmaq, même si ces rapports deviennent tendus dans les années 1750. Les deux peuples partagent la même foi religieuse et à certains endroits, comme à Grand-Pré, ils vivent suffisamment près les uns des autres pour que les contacts soient fréquents.

# CHAPITRE DEUX

# BATAILLE POUR UN EMPIRE, LUTTE POUR LA SURVIE

*L*es communautés acadiennes les plus importantes — à Grand-Pré, à Pigiguit, à Beaubassin, à Cobeguit et aux alentours d'Annapolis Royal — s'agrandissent et gagnent en complexité durant les 35 années après que les Britanniques assument la souveraineté sur la région en 1713. La paix et la prospérité caractérisent l'après-Utrecht, mais cela ne durera pas indéfiniment. Au milieu des années 1740, les décisionnaires en Grande-Bretagne et en France ravivent de vieux conflits. Leurs aspirations concurrentes de pouvoir, de gloire et d'avantage territorial mèneront à la guerre. Les Acadiens qui vivent sur les terres frontalières stratégiques seront inévitablement entraînés dans le conflit.

## L'AFFRONTEMENT DES EMPIRES

La guerre de Succession d'Autriche (1740-1748) s'est surtout déroulée en Europe, mais le Canada atlantique vit tout de même sa part du conflit. En mai 1744, une expédition française partie de Louisbourg sous le commandement de François du Pont Duvivier, s'empare facilement du village de pêcheurs de Canso sur la côte de la Nouvelle-Écosse, près du Cap-Breton. Canso est l'un des deux seuls établissements protestants et de langue anglaise de toute la Nouvelle-Écosse continentale. Peu après, des corsaires français établis à Louisbourg commencent une campagne agressive en mer, capturant de nombreux navires de pêche et navires marchands anglais et de la Nouvelle-Angleterre.

*Le succès de l'expédition des forces de la Nouvelle-Angleterre en 1745 contre Louisbourg avait ravi ceux qui y avaient participé et ceux qui l'avaient appuyée au Massachusetts et dans d'autres colonies anglo-américaines. Les Français étaient amèrement déçus de voir leurs formidables fortifications tomber aux mains d'une armée de soi-disant amateurs, soit les soldats provinciaux de la Nouvelle-Angleterre. Le siège a duré environ six semaines et le blocus naval britannique a joué un rôle déterminant en capturant ou en repoussant l'aide française éventuelle.*

---

Canso étant tombé aux mains des Français, les Britanniques ne disposent maintenant que d'une seule base dans la région qu'ils appellent la Nouvelle-Écosse. Il s'agit d'Annapolis Royal, que la plupart des Français et des Acadiens appellent toujours par son ancien nom de Port-Royal. À deux reprises durant l'été 1744, les Français, les Mi'kmaq et les Wolastoqiyik (Malécites) attaquent Annapolis Royal. On encourage les Acadiens à se joindre à la campagne, mais peu d'Acadiens font ce que demandent les Français. À la fin, aucune des tentatives pour prendre Annapolis Royal ne réussit, même si, à certains moments, la garnison britannique pense sérieusement à se rendre.

L'année suivante, en 1745, au moment même où les Français sont sur le point d'assiéger encore une fois Annapolis Royal, une armée de soldats provinciaux de la Nouvelle-Angleterre, appuyée par des navires de guerre britanniques, surprennent les défenseurs de la place forte française à Louisbourg. Après un siège de six semaines, Louisbourg devient *Louisburg*. C'est là un revers important pour les aspirations impérialistes françaises sur le front atlantique.

Dès l'année suivante, en 1746, Versailles tente de compenser la perte de sa place forte. La France organise une expédition massive d'environ 70 navires et 13 000 hommes sous le commandement du duc d'Anville, afin de traverser l'Atlantique en vue de réaffirmer la présence française dans la région des Maritimes. Que d'intentions ambitieuses pour rien! Les retards, l'incompétence, les tempêtes et la maladie transforment en désastre l'armada du duc d'Anville. Malgré ce recul, une force terrestre française et amérindienne du Canada (Québec) réussit néanmoins à mettre un autre siège devant Annapolis Royal en 1746, avant de se replier sur Beaubassin à l'automne. Une force expéditionnaire de Nouvelle-Angleterre arrive à Grand-Pré à l'automne afin de prévenir une autre attaque contre Annapolis Royal.

Quelques mois plus tard, au cours de l'hiver, la force française et amérindienne à Beaubassin surprend complètement les soldats de la Nouvelle-Angleterre campés à Grand-Pré. Le capitaine Nicolas-Antoine Coulon de Villiers mène alors un groupe de 250 soldats français et de 50 alliés amérindiens dans une expédition en plein hiver de Beaubassin à Grand-Pré. Un petit nombre d'Acadiens se joignent à eux ou les aident. Même si la force franco-amérindienne ne faisait pas le nombre devant les quelque 500 soldats de la Nouvelle-Angleterre dont les quartiers sont établis dans des maisons acadiennes à Grand-Pré, les attaquants profitent de l'élément de surprise. Tôt dans la nuit du 11 février, au milieu d'une tempête de neige, les Français et les Amérindiens remportent une éclatante victoire. Connue dans les livres d'histoire comme la bataille de Grand-Pré, l'épisode fait au moins 80 morts chez les soldats de la Nouvelle-Angleterre, y compris leur commandant, le colonel Arthur Noble.

# Des témoins oculaires parlent de la bataille de Grand-Pré en 1747

*Charles Morris, officier anglais :*
« Certains des habitants [de Grand-Pré], à ce moment-là, ont commencé à suggérer que [les Français pourraient] attaquer nos quartiers, et ils ont laissé entendre que nous pourrions les voir arriver sous peu; mais, de l'avis général… il n'était pas possible qu'un grand nombre de soldats puissent traverser de Chignectou en cette saison. »

*Pierre La Corne, officier français :*
« Après 17 jours de marche, fatigués beaucoup plus par l'épaisseur de la neige et le froid intense que par la distance, nous sommes arrivés à Pigiguit, à environ 7 lieues de Grand-Pré. Nous avons passé la nuit chez les habitants après avoir pris soin de placer des gardes le long des routes pour empêcher les communications, et pour que la nouvelle de notre marche ne parvienne pas à nos ennemis… »

*Charles Morris, officier anglais :*
« … vers trois heures dans la nuit, l'ennemi nous a attaqués. Une tempête de neige sévissait à ce moment-là… Ils savaient où nous étions et combien de soldats étaient postés dans chaque maison… »

*Pierre La Corne, officier français :*
« Comme on nous l'avait dit, nous avons trouvé les maisons bien gardées, mais les sentinelles ne nous ont pas découverts avant que nous soyons à portée de fusil. La nuit étant très sombre, nous avons livré une attaque vigoureuse malgré les tirs de l'ennemi. Nous avons pénétré de force dans les maisons à l'aide de haches et nous en sommes rapidement devenus les maîtres… »

*Benjamin Goldthwaite, officier anglais :*
« Ils ont encerclé en quelques minutes presque tous les quartiers des officiers… et après avoir tué les sentinelles, ils se sont précipités dans de nombreuses maisons et ont tué dans leurs lits bien des hommes, de sorte qu'avant l'aube, ils avaient tué environ 70 hommes et capturé une soixantaine d'autres pour les faire prisonniers… »

OUR from y.S.E. 17..

REFERENCES.

1 Officers quarters      6 the Hospital
2 Soldiers barracks      7 the New Church
3 Gate way      8 Island la Peliere
4 Bastion in which y.Maj.e will use      9 the River Meanquaehe

27

## INITIATIVES BRITANNIQUES, RÉACTIONS FRANÇAISES

La Grande-Bretagne, la France et les autres combattants mettent fin officiellement à la guerre de Succession d'Autriche avec le Traité d'Aix-la-Chapelle en 1748. Toutefois, l'entente sera plutôt une trêve qu'une paix durable.

Les Britanniques redonnent l'île Saint-Jean et l'île Royale aux Français, soit des colonies insulaires que les Français occuperont de nouveau de manière importante en 1749. Louisbourg étant de nouveau aux mains des Français, les Britanniques entreprennent immédiatement d'établir leur propre bastion. Ils choisissent Halifax, que les Mi'kmaq appellent Kjipuktuk (Chibouguetou) depuis des centaines d'années, comme le port où ils érigeront un con-

*Pages précédentes : Les Français espéraient que leur fort à Beauséjour serait suffisamment solide pour leur permettre de conserver la maîtrise de la rive ouest de la rivière Mésagouèche.*

*À gauche : Guerrier mi'kmaq, vers 1745.*

trepoids à la forteresse du Cap-Breton. Les années qui suivent, soit le début des années 1750, verront une série d'initiatives britanniques dans différentes parties de la Nouvelle-Écosse. La péninsule d'Halifax et la rive de Dartmouth seront fortifiées, tout comme le sera la localité acadienne de Pigiguit avec le fort Edward. La région de Grand-Pré reçoit son propre petit fort et sa garnison, que l'on appelle le Vieux Logis.

*...la religion est alors considérée comme plus importante que l'ethnicité pour déterminer la loyauté des sujets.*

Entre-temps, à Chignectou, région colonisée depuis longtemps par les Acadiens, les Britanniques construisent le fort Lawrence. En réalité, ce fort est construit sur une crête où se dressait le village acadien de Beaubassin avant que les habitants ne soient convaincus et forcés par les Français de déménager et de brûler leurs maisons. Dans le cadre du même processus destiné à étendre la présence britannique dans la région, Lunenburg est fondé en 1753 avec l'arrivée de « protestants étrangers ». Cette initiative rappelle que la religion est alors considérée comme plus importante que l'ethnicité pour déterminer la loyauté des sujets.

En plus des forts et des établissements, les Britanniques entreprennent une démarche en deux volets avec les Mi'kmaq et les Wolastoqiyik (Malécites). D'une part, l'administration à Halifax cherche à négocier des traités « de paix et d'amitié », comme celui signé en 1752. D'autre part, les Britanniques amènent dans les colonies des compagnies de rangers qui con-

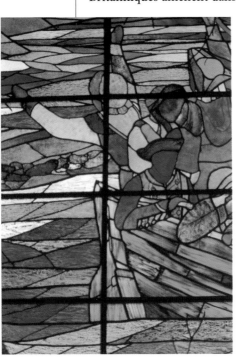

naissent bien la conduite de la guerre en forêt. Cette approche militaire est adoptée spéciale-ment avec les Mi'kmaq qui n'ont pas pris part aux traités mais qui sont restés alliés des Français. Les Britanniques versent des primes pour les scalps d'Amérindiens, tout comme le font les Français de Louisbourg pour les scalps de Britanniques.

Les Français ne restent quand même pas à rien faire pendant que les Britanniques étendent leur présence dans la région. À Louisbourg, les Français doublent leur garnison en 1749 et la doublent à nouveau en 1755. Simultanément, les Français érigent leurs propres forts et postes, soit des installations nouvelles, à des endroits stratégiques comme à l'embouchure de la rivière Saint-Jean et sur les deux côtes de l'isthme de Chignectou. La plus importante des nouvelles fortifications est le fort à Beauséjour, situé au sommet d'une crête du côté ouest de la rivière

Mésagouèche. Pas très loin de là, du côté est de la rivière, se trouve le fort Lawrence, situé sur sa propre crête. Il est clair que l'isthme de Chignectou, où les forts des deux empires se font face en plein jour, est une zone stratégique de grande importance. Lorsque la guerre éclatera de nouveau en Amérique du Nord entre la Grande-Bretagne et la France, il ne sera pas surprenant que la région de Chignectou soit la première à voir voler les étincelles. Lorsque cela se produira, au printemps 1755, les conséquences pour les Acadiens seront dramatiques.

## *Les Mi'kmaq donnent un avertissement*

*Les Mi'kmaq ont réagi à l'établissement britannique d'Halifax au moyen d'une lettre aux mots bien pesés et adressée au gouverneur Edward Cornwallis en 1749. La lettre, reproduite ici en partie, articulait leurs préoccupations et servait d'avertissement aux Britanniques.*

*« L'endroit où tu es, où tu fais des habitations, où tu bâtis un fort, où tu veux maintenant comme t'introniser, cette terre dont tu veux présentement te rendre maître absolu, cette terre m'appartient, j'en suis certes sorti comme l'herbe, c'est le propre lieu de ma naissance et de ma résidence, c'est ma terre à moy sauvage; oui, je le jure, c'est Dieu qui me l'a donnée pour être mon pais à perpétuité… tu me chasses toy; où veux-tu donc que je me réfugie? Tu t'es emparé de presque toute cette terre dans toute son étendue.*

*« Ta résidence à Port Royal ne me fait plus grand ombrage, car tu vois que depuis longtemps je t'y laisse tranquille. Mais présentement tu me forces d'ouvrir la bouche par le vol considérable que tu me fais. »*

## LES ACADIENS SONT PRIS ENTRE LES DEUX

Les communautés acadiennes sont au courant des diverses manœuvres des Britanniques en 1749 et au début des années 1750 et en subissent les répercussions. Beaucoup sont préoccupés par le conflit imminent. Comme les Mi'kmaq, les Acadiens voient clairement que la fondation d'Halifax fait montre d'une nouvelle détermination des Britanniques à coloniser la Nouvelle-Écosse avec des sujets « loyaux » à leur couronne et à leurs intérêts.

La tempête se préparant autour d'eux, les Acadiens considèrent leur avenir. Contrairement à une opinion fort répandue, les Acadiens de cette période ne sont pas naïfs ni simples. Ils ne sont pas sans connaître les difficultés qu'il y a autour d'eux. Les Acadiens ont survécu depuis plus d'un siècle dans une colonie qui a vu plus d'attaques et de changements de maîtres que toute autre en Amérique du Nord. Ils ont

*Une représentation symbolique des Acadiens pris entre les empires britannique et français.*

traversé des tempêtes et du mauvais temps, et ils ont surmonté des forces naturelles, y compris parmi les plus hautes marées du monde. Ils ont accompli tout cela en faisait preuve de bon jugement et en étant astucieux à leur manière. Pendant que la situation se développe dans les années 1750, la plupart des Acadiens ne voient pas vraiment pourquoi ils devraient abandonner leur position traditionnelle de neutralité. À leur avis, cette façon d'agir avait fonctionné depuis des temps immémoriaux. C'était l'étoile qui les guidait.

Néanmoins, afin d'échapper aux « troubles » grandissants, près de la moitié de toute la population acadienne quitte volontairement ses villages natals de la Nouvelle-Écosse continentale pour aller vivre sur le territoire contrôlé par les Français dans la région de Chignectou, à l'île Saint-Jean et à l'île Royale. L'exode est principalement motivé par les éléments suivants : la présence militaire britannique grandissante; la pression de plus en plus intense de la part des Français, des Mi'kmaq et des Britanniques pour forcer les Acadiens à soutenir leurs positions divergentes; le déclenchement de campagnes de guérilla, et des rations gratuites distribuées par les Français pour inciter les Acadiens à venir à l'île Saint-Jean et à l'île Royale.

## L'attaque contre Beauséjour

Au début de juin 1755, une flotte britannique de 31 navires de transport et de trois navires de guerre arrive dans le bassin de Chignectou transportant près de 2 000 soldats provinciaux de la Nouvelle-Angleterre et 270 soldats britanniques réguliers. C'est un jeune officier britannique, le lt-col Robert Monckton, qui est commandant. Les assiégeants se placent rapidement en position de supériorité. Puisque les attaquants sont quatre fois plus nombreux que les défenseurs français, ils ne mettent pas beaucoup de temps à faire leur travail. Le commandant français, Louis Du Pont Duchambon de Vergor, capitule le 16 juin, deux semaines après le débarquement. Vergor savait qu'aucune aide ne viendrait de Québec ou de Louisbourg. De plus, le fort avait subi un coup dévastateur sur l'une des casemates « à l'épreuve des bombes », démontrant l'impossibilité de résister pendant bien longtemps. La reddition à Beauséjour comprenait aussi la capitulation du fort français à Baie Verte, le fort Gaspareau.

## UNE GUERRE OFFICIEUSE, MAIS UNE GUERRE TOUT DE MÊME

La période de tension anglo-française explose finalement en juin 1755. Même si la Grande-Bretagne et la France sont officiellement en paix, et le resteront jusqu'en 1756, des incidents de guerre en rase campagne entre les deux puissances commencent dans la vallée de l'Ohio en 1754. Sur les voies maritimes en direction de l'Amérique du Nord, des flottilles britanniques imposent des blocus et saisissent des navires français qui se dirigent vers Louisbourg et Québec. C'est pratiquement la guerre; il ne manque que les déclarations officielles venant de chaque côté.

L'atmosphère d'hostilité atteint un nouveau sommet en juin 1755 lorsqu'une expédition militaire parvient dans l'isthme de Chignectou. L'objectif est de capturer les divers forts français dans cette région, en commençant par celui à Beauséjour.

## L'ÉTERNELLE QUESTION

La capitulation du commandant français à Beauséjour aux mains du lt-col Monckton devait déclencher une série d'événements qui ébranleront profondément toute la société acadienne, y compris à Grand-Pré. Les autorités britanniques à Halifax, sous la direction du gouverneur intérimaire Charles Lawrence, interprètent la participation de 200 à 300 Acadiens à la défense de Beauséjour comme un signe de complicité de la part des Acadiens « neutres » qui vivent dans la région de Chignectou. Lawrence et d'autres font fi du fait que le commandant français avait déclaré avoir forcé les Acadiens à l'aider à défendre le fort. L'administration à Halifax a pris connaissance de rapports disant que la plupart des Acadiens de cette région, sinon tous, avaient prêté des serments d'allégeance au roi de France. La présence des 200 à 300 hommes dans le fort à Beauséjour semble confirmer ces informations.

La question de la neutralité des Acadiens — qu'ils décident ou non de prêter le serment d'allégeance ordinaire au monarque britannique après le Traité d'Utrecht en 1713 — sera une grande préoccupation pour les Acadiens et les administrations britanniques pendant des dizaines d'années. Lorsque la capitale britannique était à Annapolis Royal, les administrateurs s'étaient montrés passablement compréhensifs face au dilemme devant lequel se trouvaient les Acadiens. Ils savaient que les Acadiens étaient pressés par les Français, les Britanniques et même les Mi'kmaq qui voulaient chacun obtenir leur appui et leur aide. Toutefois, après la fondation d'Halifax en 1749, et après que les Britanniques aient érigé de nouveaux forts et établi de nouvelles colonies, l'attitude des fonctionnaires britanniques envers les Acadiens s'est nettement durcie. La nouvelle administration n'a aucune sympathie à l'égard des difficultés des Acadiens et elle ne voyait pas la neutralité des Acadiens du même œil.

Les fonctionnaires qui forment le Conseil de la Nouvelle-Écosse en 1755 sont dirigés par le gouverneur intérimaire Charles Lawrence. Avec la capture

*La question de la neutralité des Acadiens ... sera une grande préoccupation pour les Acadiens et les administrations britanniques pendant des dizaines d'années.*

*À gauche : Les défenseurs français du fort à Beauséjour étaient beaucoup moins nombreux que les soldats britanniques et de la Nouvelle-Angleterre qui ont attaqué le fort en juin 1755.*

# Serments et souveraineté

L'époque coloniale dans ce que sont maintenant les Provinces maritimes du Canada est une période souvent bouleversée et turbulente. On a une idée de la complexité de l'époque en voyant les trois noms différents utilisés pour identifier des parties chevauchantes de la région. Ce que les Britanniques appellent la Nouvelle-Écosse fait partie de ce que les Français et les Acadiens appellent l'Acadie, malgré que les revendications territoriales britanniques s'étendent aussi loin qu'en Gaspésie. Entre-temps, les Mi'kmaq voient l'actuelle Nouvelle-Écosse continentale comme étant composée de plusieurs districts de ce qu'ils appellent Mi'kma'ki.

Les extraits cités ci-dessous révèlent les points de vue divergents sur la question de la propriété du territoire et des différents côtés où devait pencher la loyauté.

*Lettre des Mi'kmaq aux Britanniques à Annapolis Royal, 1720 :*

« Nous croyons que cette terre [est celle] que Dieu nous a donnée; cependant nous voyons que vous voulez nous l'ôter par les places que vous habitez, et les menaces que vous nous faites de nous réduire à votre servitude, ce que vous ne devez point espérer. Nous sommes maîtres et dépendants de personne. Si nous voulions aller en Angleterre pour y habiter que nous diroit-on, sinon de nous en faire retirer, et nous par même raison nous ne voulons pas que les Anglois habitent le nôtre que nous ne tenons que de Dieu et que nous disputerons à tous les hommes qui voudroient l'habiter sans notre consentement. »

*Marquis de la Jonquière, gouverneur général de la Nouvelle-France, 1751 :*

« NOUS DÉCLARONS par la présente ordonnance que tous accadiens qui (huit jours après la publication d'icelle) n'aurons point prêté serment de fidélité et ne seront point incorporés dans les Compagnies de milices que nous avons créés, seront avérés rebelles aux ordonnances du Roy et comme tels chassés des terres dont ils sont en possession. A quoy nous Ordonnons au S. Deschaillons de St. Ours, commandant à la pointe de beauséjour … de tenir inviolablement la main et pour que nos intentions ne soient ignorées de personne, lecture de la présente ordonnance sera faite partout où besoin sera. »

des deux forts français en juin 1755, soit le fort Gaspareau et le fort à Beauséjour, le Conseil décide de régler la question acadienne une fois pour toutes. Peu après avoir appris la victoire, les fonctionnaires à Halifax décident que tous les Acadiens de la région de Chignectou seront rassemblés et déportés, peu importe si eux ou des membres de leur famille ont participé activement ou non à la défense de Beauséjour. À peu près un mois plus tard, le 28 juillet, le Conseil de la Nouvelle-Écosse prend la décision de déporter tous les Acadiens — hommes, femmes et enfants — de la colonie britannique de Nouvelle-Écosse, et pas seulement de la région de Chignectou.

*Pétition de 203 Acadiens des districts des Mines, de Rivière-aux-Canards et des districts environnants, juillet 1755 :*

« *... nous prenons tous la liberté de faire valoir à Son Excellence et à tous les habitants, que nous et nos ancêtres avons prêté serment de fidélité, serment qui a été approuvé plusieurs fois par le Roi, et par les privilèges duquel nous avons vécu de manière fidèle et obéissante ... nous ne serons jamais assez inconstants pour prêter un serment qui changerait, ne serait-ce qu'un peu, les conditions et privilèges que nous ont obtenus par le passé nos souverains et nos ancêtres.*

« *Et nous savons très bien que le roi, notre maître, n'aime et ne protège que les sujets libres, fidèles et constants, et que ce n'est qu'en vertu de sa bonté et que par la fidélité que nous avons toujours manifestée envers sa majesté, qu'il nous a accordé, et qu'il continue toujours de nous accorder, l'entière possession de nos biens et l'exercice libre et public de la religion catholique, nous désirons continuer, avec tout le pouvoir que nous avons, d'être fidèles et loyaux... *»

*Lettre du gouverneur intérimaire de la Nouvelle-Écosse, Charles Lawrence, au lt-col John Winslow à Grand-Pré et au capitaine Alexander Murray à Pigiguit, août 1755 :*

« *Comme j'ai déjà indiqué au capitaine Murray dans ma lettre du 31 juillet les raisons qui ont incité le Conseil de Sa Majesté à adopter la Résolution visant à expulser les habitants français et à éliminer de tout le pays de tels mauvais sujets ... il ne me reste qu'à vous donner les ordres et les instructions nécessaires pour mettre en œuvre ce qui a été déterminé de manière si solennelle.*

« *Pour que les habitants ne puissent pas revenir dans cette province, qu'ils ne puissent pas s'unir pour prêter main forte aux Français du Canada ou de Louisbourge, il est résolu qu'ils soient dispersés dans les colonies de Sa Majesté sur le continent de l'Amérique.*

« *À cette fin, des navires de transport sont envoyés dans la baie pour embarquer ceux à Chignectou et le colonel Monckton ordonnera à ceux qu'il ne peut pas faire monter à cet endroit d'aller dans le bassin des Mines pour transporter une partie des habitants de ces districts; vous aurez aussi des navires de Boston pour transporter mille personnes, et ce sera deux personnes par tonneau de jauge.* »

## LES PÉTITIONS DES ACADIENS, JUIN 1755

Au moment même où l'expédition britannique et anglo-américaine commence son assaut contre le fort à Beauséjour, l'administration à Halifax ordonne que les Acadiens des Mines et de Pigiguit apportent leurs fusils et leurs pistolets au fort Edward. En moins d'une semaine, le 10 juin, 25 Acadiens des Mines, de Pigiguit et de Rivière-aux-Canards envoient une pétition au gouverneur intérimaire Charles Lawrence. Ce document affirme que les Acadiens sont dignes de confiance. De manière spécifique, ils demandent qu'on leur redonne le droit de transporter de la nourriture par

## Un premier groupe de députés se rend à Halifax

On ne trouve aucun document qui évoque les pensées et les sentiments des députés acadiens en route vers Halifax. Il n'y a pas non plus de témoignages pour expliquer comment ils ont composé avec l'expérience qu'ils ont vécue après leur arrivée. On peut toutefois certainement supposer que l'expérience aura été tendue et inquiétante.

Le 3 juillet, le Conseil de la Nouvelle-Écosse interroge les députés acadiens venus des Mines et de Pigiguit pour expliquer les pétitions des 10 et 24 juin. À la fin de la rencontre, le Conseil signifie aux députés qu'ils doivent prêter le serment ordinaire de loyauté. Les fonctionnaires britanniques ne s'intéressent aucunement à un serment qui exempterait les Acadiens de prendre les armes ou maintiendrait, d'une manière ou d'une autre, leur neutralité. Les fonctionnaires britanniques n'ont aucune sympathie à cet égard. Les représentants acadiens refusent de prêter le serment et on leur donne la nuit pour reconsidérer leur décision. Le lendemain, le 4 juillet, les députés réitèrent leur décision de ne pas prêter serment avant de consulter leurs collectivités respectives. Suite à cette réponse, le Conseil décide que de nouveaux députés seront choisis aux Mines et à Pigiguit. Ces représentants devront venir à Halifax pour répondre à la même question concernant le serment. S'ils refusent, il est résolu qu'ils seront déportés.

Lorsque les députés déjà à Halifax apprennent les conséquences de leur refus, ils offrent de prêter le serment ordinaire. Toutefois, le Conseil de la Nouvelle-Écosse ne leur permet pas de changer d'avis. Les fonctionnaires britanniques soutiennent qu'une promesse d'allégeance doit reposer sur un véritable engagement, et non pas sur la peur de conséquences. Les députés sont emprisonnés dans l'île Georges, située dans le port d'Halifax.

*Une vue d'Halifax — principal bastion britannique de la région — quelques années seulement avant l'arrivée des députés acadiens en juillet 1755. Tous les députés venus à Halifax pour les deux rencontres en juillet 1755 ont fini par être emprisonnés dans l'île Georges avant d'être finalement déportés.*

bateau et qu'on leur remette les armes qui leur ont été confisquées. Les fonctionnaires d'Halifax réagissent mal à certaines expressions et à certains sentiments contenus dans la pétition des Acadiens. L'administration britannique d'Halifax, comme d'autres gouvernements contemporains, recherche des sujets obéissants.

Le 24 juin, huit jours après la capitulation du commandant français à Beauséjour aux mains de la force britannique le 16 juin, 44 Acadiens des Mines, de Pigiguit et de Rivière-aux-Canards envoient une deuxième pétition au gouverneur intérimaire Charles Lawrence. Cette fois, ils demandent qu'on leur pardonne, au cas où quelque chose dans la première pétition aurait fait preuve d'un manque de respect. (On suppose qu'ils ont appris que les autorités n'avaient pas bien accueilli la première pétition.) Les Acadiens demandent qu'on leur donne l'occasion d'expliquer leur raisonnement derrière la pétition envoyée à Lawrence et au Conseil.

## D'AUTRES PÉTITIONS, UN AUTRE VOYAGE À HALIFAX

Le dimanche 13 juillet, 207 habitants de la communauté acadienne de la région d'Annapolis se rassemblent pour préparer leurs pétitions à Lawrence et au Conseil de la Nouvelle-Écosse. Ils consentent à l'unanimité à remettre leurs armes à feu au major Handfield, commandant britannique à Annapolis Royal. Pendant ce temps à Halifax, le 14 juillet, le Conseil de la Nouvelle-Écosse invite deux amiraux britanniques qui se trouvent dans le port à ce moment-là, Edward Boscawen et Savage Mostyn, à assister à la prochaine réunion du Conseil. Lors de la prochaine rencontre, avait-on dit aux amiraux, on discutera de la « sécurité de la province ».

Il est intéressant de noter que Brook Watson, qui a participé à l'expédition qui permit de capturer le fort français à Beauséjour en 1755 et qui plus tard est devenu un agent politique et un commerçant bien en vue, s'est souvenu en 1791 que l'amiral Boscawen avait joué un rôle déterminant, avec Lawrence, dans la décision d'envoyer « tous les Acadiens en dehors du pays ». On a bien sûr écrit à ce sujet des dizaines d'années après l'événement. Le procès-verbal de la rencontre du Conseil de la Nouvelle-Écosse précise uniquement que le 15 juillet, l'amiral Boscawen et le vice-amiral Mostyn ont assisté à la réunion du Conseil et « étaient d'avis que c'était maintenant le moment le plus approprié pour obliger lesdits habitants à prêter le Serment d'allégeance à Sa Majesté ou à quitter le pays ». Étant donné l'importance hiérarchique des deux amiraux, leur opinion avait sûrement beaucoup de poids auprès de Lawrence et du reste du Conseil.

Le 22 juillet, deux nouvelles pétitions sont composées dans différentes communautés acadiennes. Une est préparée au nom de 203 habitants des Mines, de Rivière-aux-Canards et des villages environnants. Les 103 habitants de Pigiguit signent l'autre. Le deuxième document commence par faire référence au serment de fidélité prononcé en 1729-1730 lorsque Richard Philipps était gouverneur de la Nouvelle-Écosse. C'était à l'époque où la capitale britannique était toujours à Annapolis Royal. Les pétitionnaires expliquent qu'ils avaient prêté un serment d'allégeance conditionnelle « avec toutes les circonstances et la réserve qui nous a été accordée ». La pétition stipule ensuite que les Acadiens avaient « respecté » cette allégeance « dans la mesure du possible ». Par conséquent, « nous avons résolu, unanimement et d'une seule voix, de ne pas prêter d'autre serment. Nous espérons, Monsieur, que vous aurez la bonté d'entendre nos justes raisons; et, par conséquent, nous tous, d'une seule voix, implorons votre honneur de rendre la liberté à nos gens emprisonnés à Halifax depuis un certain temps, ne connaissant même pas leur situation, ce qui nous semble déplorable. »

Les pétitions des Acadiens font encore une fois usage d'un langage ferme. On peut imaginer les réactions de Lawrence et des autres membres du Conseil de la Nouvelle-Écosse lorsqu'ils ont lu ou entendu les mots choisis par les Acadiens, mais rien n'existe pour en parler. On imagine qu'elles n'ont pas été sympathiques.

Le 25 juillet, le Conseil de la Nouvelle-Écosse lit la pétition de la région d'Annapolis et en discute. On demande aux députés d'Annapolis qui sont présents de prêter serment. Ils refusent, déclarant qu'ils préfèrent « quitter leurs terres ». Le Conseil leur donne près de 72 heures pour reconsidérer. Le lundi 28 juillet, à 10 heures, ils doivent rendre leur décision finale au Conseil.

Le 28 juillet 1755, le Conseil discute de la pétition des habitants de Pigiguit et de celle des habitants des Mines, de Rivière-aux-Canards et des villages avoisi-

## Le Conseil de la Nouvelle-Écosse

*Les membres du Conseil de la Nouvelle-Écosse, lors de la série de rencontres décisives, étaient les suivants :*

- **Charles Lawrence** (v. 1709-1760)
  *né en Angleterre, officier militaire et gouverneur intérimaire de la Nouvelle-Écosse*

- **Benjamin Green** (1713-1772)
  *né au Massachusetts, marchand et titulaire d'une fonction*

- **John Collier** (? -1769)
  *né en Angleterre, officier de l'armée à la retraite*

- **William Cotterell**
  *(aucun renseignement à son sujet)*

- **John Rous** (v. 1700-1760)
  *capitaine de la marine de la Nouvelle-Angleterre et capitaine corsaire*

- **Jonathan Belcher** (1710-1776)
  *né à Boston, diplômé de Harvard et de Cambridge, juge en chef de la Nouvelle-Écosse*

nants. Les députés acadiens détenus à Halifax au cours de la fin de semaine sont amenés pour donner leur réponse définitive à la question du serment. Les députés refusent unanimement de prêter le serment ordinaire. Qui plus est, ils expriment le désir de déménager si on leur permet de choisir l'endroit et le moment. On ne saura jamais quelle angoisse les députés acadiens auront connue durant la fin de semaine pour ainsi parvenir à ce consensus. Le Conseil décide ensuite, après une discussion plus ou moins longue — les archives ne le disent pas —, d'autoriser la déportation massive de tous les Acadiens. Cette décision aura un effet non seulement sur ceux qui sont armés à Chignectou, ou ceux qui ont refusé le serment à Halifax, mais sur tous les Acadiens de partout.

Les conséquences de la décision du 28 juillet pèseront lourdement sur tous les Acadiens. Peu importe leur opinion individuelle sur les questions impériales du jour — neutre, pro-Français ou pro-Britanniques — la vie de chacun sera complètement bouleversée dans les semaines qui suivront. Le Conseil de la Nouvelle-Écosse avait déterminé de manière unanime que la neutralité n'était plus une option. Treize jours plus tôt, le 15 juillet, le Conseil avait exprimé l'opinion collective « que c'était maintenant le moment le plus approprié pour obliger lesdits habitants à prêter le Serment d'allégeance à Sa Majesté ou à quitter le pays ». Le serment ordinaire étant clairement rejeté, on décide alors de procéder à la Déportation. Le gouverneur intérimaire Charles Lawrence écrira bientôt que la résolution consistait « à expulser les habitants français et à éliminer de tout le pays de tels mauvais sujets ». Les autorités coloniales tentent d'abord de se préparer soigneusement en vue de l'évacuation mais, en fin de compte, elle sera brutale et mal planifiée.

## PLANS ET DÉMARCHES : AOÛT 1755

La mise en œuvre de la politique du Conseil de la Nouvelle-Écosse consistant à déporter les Acadiens commence au fort Cumberland (le fort à Beauséjour ayant été ainsi renommé) le 11 août. Une sommation est signifiée pour que tous les hommes acadiens de la région de Chignectou se rendent au fort. L'âge minimum n'est pas connu mais, un mois plus tard à Grand-Pré, on demande aux hommes et aux jeunes garçons d'au moins dix ans d'assister à une annonce. Le 11 août 1755, 250 hommes se rendent au fort Cumberland. Ils sont tous détenus, puis transférés et emprisonnés au fort Lawrence, au sommet de la crête d'en face. Un des officiers ayant été témoin du rassemblement initial dans la région de Chignectou est le lt-col John Winslow, officier du Massachusetts qui a secondé le lt-col Monckton lors de l'expédition qui a pris le fort Gaspareau et le fort à Beauséjour. Winslow sera bientôt à Grand-Pré, appliquant essentiellement la même politique.

Dans les jours et les semaines qui suivent l'emprisonnement des hommes acadiens au fort Cumberland le 11 août, on tente de rassembler tous les Acadiens de la région de Chignectou et du district de Cobeguit. Une fois les habitants rassemblés, les soldats de la Nouvelle-Angleterre incendient les bâtiments des villages abandonnés. Certains Acadiens, y compris presque tous ceux du district de Cobeguit, s'enfuient avant l'arrivée des soldats. La grande majorité s'enfuit vers l'île Saint-Jean qui restera une colonie française jusqu'à la fin de l'été 1758. Un petit nombre, mais tout de même un nombre important d'Acadiens, surtout dans les régions de Petcoudiac, Chipoudie et Memramcook, prennent les armes et commencent à résister aux soldats britanniques et de la Nouvelle-Angleterre.

Le 11 août, soit le jour même où 250 Acadiens sont emprisonnés au fort Cumberland, le gouverneur intérimaire Charles Lawrence écrit une série de lettres. Il en écrit une au lt-col Winslow et une autre au capitaine Alexander Murray qui ont reçu l'ordre de superviser les déportations des régions de Grand-Pré et de Pigiguit. À cette date, Lawrence prévoit que les Acadiens seront envoyés par navire de la manière suivante : 500 en Caroline du Nord, 1 000 en Virginie et 500 au Maryland. Le nombre de personnes et les destinations changeront plus tard. Toujours le 11 août, Lawrence écrit une lettre commune à chacun des gouverneurs des colonies anglo-américaines, leur expliquant ce qui s'était produit et pourquoi. Ces lettres ne sont pas envoyées tout de suite; elles partiront plutôt avec les capitaines des navires transportant les Acadiens déportés lorsqu'ils quitteront les eaux de la Nouvelle-Écosse. Ainsi, les gouverneurs des colonies visées ne sauront rien de la Déportation avant l'arrivée des Acadiens. Rien ne sera prévu pour les accueillir et s'en occuper.

Lawrence envisage la Déportation comme une opération militaire, ce qu'elle est en réalité. Il prévoit utiliser au maximum environ 2 000 soldats de la Nouvelle-Angleterre et 300 soldats britanniques venus dans la colonie pour capturer le fort à Beauséjour, et qui sont maintenant disponibles pour d'autres besoins. L'opération commence avec les Acadiens de la région de Chignectou.

Le 13 août, deux jours après que les hommes acadiens de la région de Chignectou sont incités à entrer dans le fort Cumberland où ils sont arrêtés, le lt-col John Winslow du régiment du Massachusetts reçoit l'ordre de se rendre à Pigiguit (aujourd'hui Windsor, N.-É.). La base britannique à Pigiguit est le fort Edward, situé sur une colline surplombant la communauté acadienne importante et les deux rivières qui fournissent les voies de transport les plus aisées dans le district. Le 16 août, Winslow lève l'ancre et quitte la région de Chignectou pour Pigiguit avec environ 300 soldats de la Nouvelle-Angleterre. Le contingent arrive le lendemain. Winslow se rend immédiatement au fort

Edward pour voir l'officier en charge, soit le capitaine Alexander Murray, officier britannique. Winslow ouvre les ordres reçus de Lawrence et apprend qu'il a pour tâche de superviser le « Transport des habitants des districts des Mines, de Piziquid, de Rivière-aux-Canards, de Cobeguit, etc., à l'extérieur de la province de Nouvelle-Écosse ».

Winslow écrira bientôt, dans une lettre au gouverneur Shirley du Massachusetts, que ce sera « une entreprise désagréable d'expulser des gens de leurs anciennes habitations qui, dans cette partie du pays, ont beaucoup de valeur ». Désagréable ou non, Winslow entreprend d'obéir à ses ordres. À la marée suivante, il se rend par bateau à Grand-Pré. Le capitaine Murray reste au fort Edward où il sera l'officier responsable de la déportation des Acadiens de Pigiguit et de la région environnante. Au cours des mois qui suivent, au gré des événements, Winslow et Murray seront souvent en contact pour déterminer la meilleure manière de se soutenir mutuellement pour exécuter leurs ordres.

Lorsque Winslow arrive à Grand-Pré le 19 août 1755, il n'en est pas à sa première visite à cet endroit. À la fin des années 1740, il a été officier dans le régiment de Philipps en garnison à Annapolis Royal, et il s'est rendu à Grand-Pré au moins une fois. Cette fois-ci, par contre, c'était pour une toute autre raison.

Les premières démarches du lt-col Winslow à Grand-Pré consistent à fournir une base sûre pour les opérations de ses soldats. Il sait ce qui s'en vient et se rend compte que sa force de 300 hommes est largement dépassée par la population acadienne de la région qui s'élève à près de 2 200. Évidemment, les soldats de Winslow ont des armes et les Acadiens n'en ont pas. De plus, les soldats de la Nouvelle-Angleterre sont déjà endurcis au combat après le siège à Beauséjour, tandis que les Acadiens sont essentiellement une population d'agriculteurs. Néanmoins, le commandant du Massachusetts se préoccupe beaucoup du fait que son groupe soit si peu nombreux, et il veut que son contingent soit en solide position afin de réduire les risques de soulèvement ou de révolte.

Pour s'assurer un bastion au centre de Grand-Pré, Winslow choisit le secteur autour de l'église paroissiale Saint-Charles-des-Mines. Ses soldats érigent une palissade qui entoure la maison du prêtre, l'église et le cimetière. Les troupes montent leurs tentes dans cette enceinte et Winslow s'installe dans la maison du prêtre. Pour ne pas indisposer inutilement les Acadiens, Winslow informent les dirigeants de la communauté qu'ils devraient retirer les objets sacrés de l'église avant qu'elle ne devienne une base militaire.

Les Acadiens commencent-ils à soupçonner, à ce moment-là, que quelque chose de sérieux est sur le point de se produire? Rien n'existe pour suggérer les pensées et les émotions des gens de Grand-Pré qui observent les soldats vaquer à leurs occupations. Dans son journal, Winslow n'écrit rien qui indique que les Acadiens montrent des signes de panique ou même d'appréhension. L'explication la plus plausible est que les hommes, les femmes et les enfants de l'endroit pensent qu'ils voient là l'établissement d'une base britannique temporaire. Durant l'hiver 1746-1747, les soldats de la Nouvelle-Angleterre avaient établi un camp à Grand-Pré et il y eut par la suite un poste armé dans la communauté de 1749 à 1754 au lieu appelé le Vieux Logis. Ainsi, il peut ne pas sembler inhabituel qu'il y ait encore une fois des soldats britanniques ou de la Nouvelle-Angleterre à Grand-Pré.

Non loin, à Pigiguit, le capitaine Murray, au fort Edward, juge la situation à peu près de la même manière que Winslow. Murray fait état de ce qui suit : « Je me suis rendu dans les villages hier. Tous les gens étaient calmes et affairés à leur récolte. » Du moins en apparence, les Acadiens prennent bien l'arrivée de soldats et la construction d'une place entourée d'une palissade à Grand-Pré. Entre eux, dans des conversations privées, certains expriment peut-être leurs peurs et leurs soupçons. Aucun document n'existe pour confirmer cela.

Le mois d'août touche à sa fin et septembre est sur le point de commencer; les Acadiens se tournent alors vers le travail à faire, soit la récolte. Il y avait eu de nombreuses récoltes au cours des soixante-quinze années précédentes, dans bien des circonstances différentes. La récolte de 1755 sera toutefois bien différente de toutes les autres.

*Reconstitution historique des Acadiens signant un serment en 1730, serment qui les exemptait de prendre les armes lors de conflits. Le gouverneur de l'endroit avait toutefois omis d'en informer ses supérieurs à Londres; ces derniers auraient refusé ce compromis. Durant les années qui suivent, les Acadiens font continuellement référence à ce serment pour défendre fermement leur position de neutralité et pour refuser de signer un autre serment, surtout en 1755.*

# CHAPITRE TROIS

# LA TRAGÉDIE

Le 4 septembre 1755, le lt-col John Winslow émet ce qu'il appelle une « sommation » adressée aux habitants acadiens de Grand-Pré. Le message aura été lu à haute voix et il aura peut-être aussi été affiché. En gros, la sommation stipule que tous les hommes et les garçons d'au moins 10 ans doivent se présenter à l'église de la paroisse le lendemain à 15 heures afin d'y entendre une annonce importante. Le capitaine Murray utilise le même jour une ruse semblable pour appeler les hommes acadiens de la région de Pigiguit afin qu'ils viennent au fort Edward. On s'était servi essentiellement de la même approche un mois plus tôt dans la région de Chignectou pour inciter ces hommes à venir dans ce que les Acadiens appellent le fort à Beauséjour et que les Britanniques appellent le fort Cumberland.

## L'ANNONCE

Le 5 septembre, 418 hommes et garçons acadiens de la région de Grand-Pré se rendent, comme demandé, à l'église paroissiale Saint-Charles-des-Mines. Lorsqu'ils entrent dans l'église, ils voient une table au centre; un groupe d'officiers de Winslow se tient tout près. Il y a probablement aussi des soldats armés. À 15 heures, Winslow demandent à des interprètes qui parlent français d'informer les habitants rassemblés qu'eux et leurs familles seront déportés et « que vos terres et les bâtiments qui s'y trouvent, votre bétail de tout genre et vos animaux de toutes sortes sont confisqués par la Couronne avec tous vos effets sauf votre argent, vos biens ménagers et vos personnes qui seront retirés de cette province de Sa Majesté. »

*Interprétation artistique des hommes et des garçons acadiens qu'on allait embarquer.*

Le 5 septembre 1755 — L'annonce de Winslow

*Messieurs,*

*Son Excellence le gouverneur Lawrence m'a remis la présente ordonnance du Roi par laquelle il vous est ordonné de vous rassembler pour qu'il vous soit fait part de la résolution finale de Sa Majesté concernant les habitants français de sa province de Nouvelle-Écosse, habitants qui pendant près d'un demi-siècle ont bénéficié de son indulgence plus que n'importe quels autres de ses sujets dans n'importe lequel de ses dominions, et vous seuls savez quel usage vous en avez fait.*

*La tâche qui m'incombe maintenant, bien que nécessaire, m'est très désagréable étant donné ma nature et mon tempérament, et je sais qu'elle vous affligera puisque vous êtes du même genre.*

*Il ne me revient pas de mettre en doute les ordres que je reçois mais bien d'y obéir et, par conséquent, sans hésiter, je vous fais part des ordres et des instructions de Sa Majesté, c'est-à-dire :*

*Vos terres et les bâtiments qui s'y trouvent, votre bétail et vos animaux de toutes sortes sont confisqués par la Couronne, ainsi que tous vos effets sauf votre argent, vos biens ménagers et vous-mêmes qui serez expulsés de cette province de Sa Majesté.*

*Ce sont donc les ordres de Sa Majesté que tous les habitants français de ces districts soient déportés et, par la bonté de Sa Majesté, j'ai l'ordre de vous laisser libres d'emporter votre argent et autant de biens ménagers que vous le pouvez sans incommoder les navires sur lesquels vous embarquerez. Je ferai tout en mon pouvoir pour que ces biens vous accompagnent et que vous ne soyez pas importunés ce faisant, et aussi pour que les familles embarquent ensemble sur le même navire de sorte que cette expulsion, qui doit vous causer grand peine j'en suis certain, soit aussi aisée que le permettra le service de Sa Majesté, et j'espère que, peu importe la partie du monde où vous arriverez, vous serez des sujets loyaux, paisibles et heureux.*

*Je dois aussi vous informer que Sa Majesté souhaite que vous restiez en sécurité sous l'inspection et la direction des troupes que j'ai l'honneur de commander.*

Winslow les déclare ensuite prisonniers du Roi.

On imagine les diverses réactions des Acadiens réunis dans l'église. Certains sont stupéfaits et silencieux; d'autres laissent libre cours à leur choc et à leur colère. Le seul compte rendu qui subsiste toujours d'un témoin, autre que celui de Winslow, est celui du lieutenant Jeremiah Bancroft, soldat de la Nouvelle-Angleterre. Bancroft a décrit l'expression sur leur visage comme un mélange « de honte et de confusion … avec de la colère ».

Bancroft a ajouté qu'il était impossible de décrire à quel point les Acadiens étaient décontenancés.

Il y a sûrement eu une grande clameur des hommes et des garçons dans l'église lorsqu'ils ont entendu les paroles de Winslow par la bouche des interprètes. Les femmes et les enfants attendant derrière la palissade, même peut-être ceux qui vaquaient à leurs occupations plus loin, ont sûrement entendu les cris. Le village s'est peut-être même immobilisé, les gens, inquiets, se demandant ce qui se passait dans l'église.

## L'EMBARQUEMENT DANS LES NAVIRES DE TRANSPORT

Winslow craint qu'il ne se produise des soulèvements que ses soldats ne pourront pas maîtriser. Par conséquent, le 10 septembre, il ordonne qu'environ

*Interprétation artistique du lieutenant-colonel John Winslow lisant l'Ordonnance de Déportation le 5 septembre 1755.*

The Names of the French Inhabitants belonging to Grand Pre September the
Adjacent Confined by Lieut. Col.º Winslow within his R.
Citation on the 5th of September. ... part ... &c.

| Mens Names | Villages Names | Sons | Daughters &. |
|---|---|---|---|
| jean Bapsly Deigree | De Chreurd Terlio | | |
| Alexandre Landry | De Landry | - - - | - - - |
| Antoine Vinsan | do | 1 | |
| Olivier Aneoin | Do | 1 | 1 |
| 5 Pierre Landry | Do | 4 | 4 |
| Batistey Sapin | Do | 4 | 2 |
| Pierre Mllanson | Do | 2 | 3 |
| jean a Pierre Landry | Do | | |
| Charle Landry | Do | 1 | 5 |
| 10 Claud Aneoine | Do | 1 | |
| Antoine Landry apsen | | | |
| jean Batistey Daigre | Des Terriote De C | 3 | 4 |
| Pierre Terriot | Do | | |
| janis Terrioh | Do | 2 | 7 |
| 15 Charle A Claud Terrioh | Do | 2 | 1 |
| Cyprien Terrioh | Do | 2 | 3 |
| Michelle Richard | Do | 4 | 4 |
| Basil Richard | Do | | |
| Pierre LeClane | Do | | |
| 20 Charle Daigre | Do | | |
| Norez Landry | Des Landry | | |
| Pierre Landry | Do | | |
| Antoine Landry | Do | | |
| Charle Daigre | Do | | |
| 25 Joseph Granger | Des Granger | 1 | |
| Rener Granger | Do | 2 | 5 |
| Charle Granger | Do | 6 | 5 |
| Francois Granger | Do | 1 | |
| jean Granger | Do | 3 | 4 |

1755

Mines Riuers Habatant Cannard & Pisuiou
in this Place after their Coming in on Ees

| | Cows | young Cattle | Sheep | Hogs | Horses |
|---|---|---|---|---|---|
| 6 | 9 | 13 | 30 | 10 | 1 |
| 6 | 6 | 5 | 28 | 16 | 2 |
| 6 | 6 | 10 | 36 | 14 | 2 |
| 6 | 8 | 7 | 20 | 16 | 1 |
| 6 | 7 | 15 | 40 | 25 | 4 |
| 6 | 6 | 15 | 50 | 26 | 3 |
| 4 | 4 | 6 | 12 | 8 | — |
| 6 | 6 | 8 | 52 | 20 | 2 |
| 2 | 3 | 4 | 14 | 15 | 1 |
| 6 | 14 | 22 | 98 | 34 | 2 |
| 4 | 4 | 6 | 40 | 15 | 3 |
| 6 | 6 | 9 | 15 | 12 | 2 |
| 4 | 6 | 5 | 25 | 20 | 2 |
| 4 | 6 | 6 | 37 | 22 | 2 |
| 3 | 3 | 3 | 30 | 20 | 2 |
| 4 | 3 | 3 | 12 | 12 | 1 |
| 6 | 12 | 16 | 74 | 20 | 2 |
| 4 | 2 | 2 | 21 | 7 | 1 |
| 6 | 6 | 10 | 40 | 23 | 2 |

200 des 418 hommes et garçons emprisonnés dans l'église soient séparés du groupe et placés à bord des navires de transport ancrés dans le bassin. Voir leurs pères, leurs fils, leurs frères, leurs oncles et d'autres parents et amis s'en aller vers les navires en attente va certainement convaincre ceux qui sont toujours libres que le lt-col Winslow est très sérieux concernant son annonce du 5 septembre. Il ne s'agit pas d'un bluff ou d'une tactique pour effrayer les gens. Winslow note que les hommes, marchant de l'église jusqu'aux navires de transport, « priaient, chantaient et pleuraient, des femmes et des enfants venant à leur rencontre, faisant entendre de grandes lamentations, priant, à genoux ».

La déportation subséquente du reste de la population de Grand-Pré et des villages environnants ne se fait ni rapidement ni sans problème. Il n'y a pas suffisamment de navires de transport ni de provisions. Il faut réunir de grandes quantités de provisions pour nourrir les quelque 2 200 personnes que l'on allait envoyer dans les colonies anglo-américaines. Pour les hommes et

*Première page de la longue liste des Acadiens vivant à Grand-Pré et dans les localités environnantes, préparée en septembre 1755 à la demande de Winslow.*

*Carte montrant les colonies anglo-américaines où les Acadiens de la grande région de Grand-Pré ont été envoyés vers la fin de 1755.*

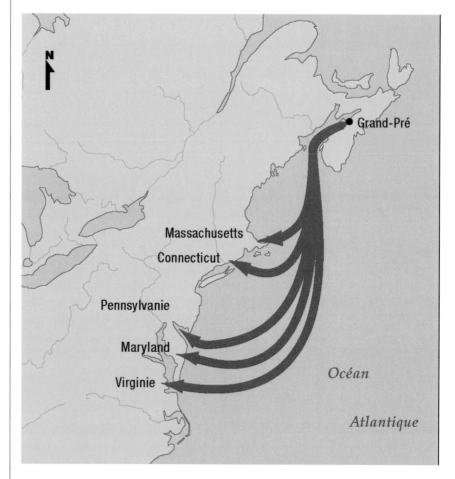

les garçons déjà rassemblés, cela signifie encore six semaines d'emprison-nement, soit dans l'église Saint-Charles-des-Mines, soit à bord des navires de transport ancrés dans le bassin des Mines. Les femmes et les enfants qui sont toujours dans les maisons familiales vivent dans l'angoisse, inquiets du sort réservé à leurs êtres chers.

L'embarquement le plus important commence à Grand-Pré le 8 octobre. Winslow note que les habitants s'en vont « à contrecœur, les femmes affligées et en détresse portant des enfants dans les bras. D'autres transportent leurs parents décrépits dans leurs charrettes, tous leurs biens se déplacent dans une grande confusion et c'est là une scène de malheur et de détresse. » L'officier en charge du Massachusetts ordonne que l'on garde les familles ensemble. Pourtant, dans le chaos et la hâte, cela n'est pas toujours possible. De plus, pour les Acadiens, une famille englobe normalement plus qu'un père, une mère et des enfants. Il y a également les grands-parents, les beaux-parents, les tantes, les oncles, les cousins, les neveux et les nièces. Par conséquent, des parents, des amis et des voisins de longue date se trouvent séparés, et ne se reverront jamais.

Du 19 au 21 octobre, encore d'autres familles des localités éloignées sont assemblées à Pointe-des-Boudrot (aussi appellé « la petite côte »), situé entre les rivières aux Canards et Habitant. Environ 600 habitants, provenant de 98 familles, sont amenés à Grand-Pré. En attendant l'arrivée des navires de transport, ils sont logés dans les maisons libérées récemment près du camp de Winslow.

Vers la fin octobre 1755, plus de 1 500 Acadiens — hommes, femmes et enfants, et les enfants étaient plus nombreux que les adultes — de Grand-Pré et des villages environnants sont embarqués à bord des navires de transport. Le convoi quitte le bassin des Mines en direction de la Pennsylvanie, de la Virginie, du Maryland, du Connecticut et du Massachusetts. À ce même moment, d'autres navires de transport, avec à leur bord plus de 1 000 déportés acadiens de la région de Pigiguit, mettent les voiles vers le sud en direction des colonies anglo-américaines.

Pour empêcher les Acadiens de jamais revenir à leurs maisons, Winslow et Murray font détruire ce qu'ils appellent les « villages extérieurs » dans leurs districts. La fumée flotte alors sur les marais pendant des jours, les soldats incendiant des centaines de bâtiments. Dans la région près de Grand-Pré, quelque 700 maisons, granges et autres bâtiments sont détruits. Grand-Pré est tout d'abord épargné puisque c'est le quartier général de Winslow et le lieu d'attente temporaire des Acadiens de Pointe-des-Boudrot. Aucun document ne dit que le village de Grand-Pré est détruit étant donné que Winslow quitte la région avant le retrait des derniers soldats et que c'est son journal qui fournit les détails. Le plan est certainement de détruire le village une fois que les soldats n'en auront plus besoin, ce qui s'est probablement produit en décembre 1755. Jusqu'à ce moment-là, les quelque 600 Acadiens de Pointe-des-Boudrot sont détenus dans les maisons. Ils seront exilés à la mi-décembre et un peu après — 350 le 13 décembre et le reste une semaine plus tard. À ce moment-là, le capitaine Osgood écrit à Winslow : « La présente est pour vous informer que les Français dont vous m'aviez confié la garde ont tous été déportés. Les derniers sont partis cet après-midi par bateau [le 20 décembre]. »

En tout, environ 2 200 Acadiens sont déportés de Grand-Pré et de la région environnante. Ce nombre représente à peu près un tiers des quelque 6 000 Acadiens déportés de la Nouvelle-Écosse en 1755.

## UNE TRAVERSÉE FUNESTE

Les enfants, les femmes et les hommes de Grand-Pré et des villages environnants sont entassés sur des navires qui doivent les transporter vers différentes

*Un dernier regard*

*Interprétation artistique de ce qu'on pouvait voir à bord des navires de transport, alors que les Acadiens s'apprêtaient à quitter le bassin des Mines. La plupart ne reverront jamais le site naturel familier du cap Blomidon. La majorité des Acadiens déportés en 1755 ne sont jamais revenus dans les Maritimes. De ceux qui sont revenus, seul un petit pourcentage sont revenus là où leurs villages existaient. Ceux qui sont revenus ont appris que leurs terres avaient été accordées à des « Planters » de la Nouvelle-Angleterre.*

colonies anglo-américaines. Il est facile d'écrire que les déportés sont remplis d'inquiétude, qu'ils ont le cœur brisé et se sentent perdus. Par contre, ces mots sont loin d'exprimer l'angoisse qu'ils vivent lors de l'embarquement forcé sur des navires qui les emmènent vers des destinations qu'ils connaissent peu ou qui leur sont peut-être même inconnues. Après tout, la terre dont on les expulsait n'était pas seulement leur chez-soi; c'était la terre qu'eux ou que leurs ancêtres avaient littéralement créée, la gagnant sur la mer pendant des générations. Après 75 ans d'occupation acadienne, les terres à Grand-Pré et dans la région sont désertes. Cet endroit cesse alors de connaître les Acadiens comme un peuple uni.

À bord des navires, les déportés endurent des conditions atroces de toutes sortes : tempêtes, manque de nourriture, eau imbuvable, maladies contagieuses et misère noire. Au moins un tiers des Acadiens succomberont probablement à des maladies contagieuses, soit en mer, soit peu de temps après leur arrivée dans les colonies anglo-américaines.

*Au moins un tiers des Acadiens succomberont probablement à des maladies contagieuses inconnues, soit en mer, soit peu de temps après leur arrivée dans les colonies anglo-américaines.*

Les ports où accostent les navires ne sont pas au courant de leur arrivée. La lettre de Lawrence expliquant la situation à chacun des gouverneurs anglo-américains arrive en même temps que les Acadiens. Les colons anglo-américains eux-mêmes sont loin d'être heureux de voir ces navires et leur cargaison humaine. Ils voient les déportés comme des intrus indésirables et qui ne sont pas les bienvenus. Pour commencer, il y a la question des maladies dont ils sont affligés. Personne ne veut accueillir des gens malades et mourants. De toute manière, même si les Acadiens étaient en bonne santé, les populations protestantes et de langue anglaise craignent d'accueillir un grand nombre de catholiques de langue française. Puisque la guerre avec les Français doit bientôt être déclarée, cette démarche leur semble donc dangereuse et peu judicieuse.

*Une fois appréhendés, ils servent généralement de main-d'œuvre qualifiée et bon marché, employée surtout dans l'entretien et la réparation des digues de la région.*

L'hostilité des Anglo-Américains envers les Acadiens se manifeste de différentes manières. La Virginie refuse son contingent. Le gouverneur Dinwiddie de Virginie exprime bien les préjugés de l'époque lorsqu'il écrit que « les Français neutres … [sont] intolérants, papistes, paresseux et querelleurs ». Les capitaines des navires peuvent laisser les déportés débarquer, mais ils sont forcés de reprendre la mer en mai 1756. Ils naviguent alors vers l'Angleterre, où beaucoup d'Acadiens mourront avant que les survivants ne soient finalement acceptés par la France et transférés dans ce pays. Les autres colonies anglo-américaines où les Acadiens sont envoyés en 1755 acceptent, à contrecœur, leurs contingents, mais les déportés resteront des étrangers dans les collectivités où ils s'établiront.

Pendant ce temps dans la région des Mines, certains Acadiens réussissent à échapper au rassemblement initial en vue de la déportation en se cachant dans les forêts. Les traditions orales des Mi'kmaq racontent comment leurs ancêtres ont aidé les Acadiens. Néanmoins, la plupart des Acadiens finiront par se rendre ou par être capturés. Ceux qui seront rassemblés dans la région des Mines et ailleurs seront emprisonnés au fort Edward. Les forts Cumberland et Lawrence joueront le même rôle dans la région de Chignectou. Beaucoup de prisonniers viennent de refuges situés dans ce qui est aujourd'hui le Nouveau-Brunswick. Une fois appréhendés, ils servent généralement de main-d'œuvre qualifiée et bon marché, employée surtout dans l'entretien et la réparation des digues de la région. À partir de 1760, les colons que sont les Planters de la Nouvelle-Angleterre commencent à occuper les terres agricoles fertiles d'où les Acadiens ont été déportés. Les Planters ont besoin des conseils et de l'aide des Acadiens pour savoir comment entretenir les vieilles digues et en construire de nouvelles.

## HUIT LONGUES ANNÉES

Ce qui s'est produit à Grand-Pré en 1755 est depuis longtemps le symbole de la Déportation; pourtant, dans l'ensemble, le même processus de rassemblements, d'embarquements et de destruction par la terre brulée se déroule à différents endroits de la région et se poursuit, de manière sporadique, jusqu'en 1762.

# *Un appel à l'aide*

*Province de Massachusetts Bay*

*À Son Excellence Spensor Phips Esq. Lieutenant-gouverneur de ladite Province et à l'honorable Conseil de cette même province*

*L'humble pétition d'Augustin Hebert  Très humblement présentée*

*Votre pétitionnaire, qui vit maintenant à Water town, a été traité de manière très inhumaine récemment par le capitaine Couligas qui lui a enlevé de force un de ses enfants pendant que le pétitionnaire s'efforçait de le tenir à ses côtés, et non satisfait de cela, il a battu le malheureux pétitionnaire au point où il pouvait à peine marcher pendant une quinzaine de jours, ce que les signataires peuvent tous confirmer; c'est une épreuve très pénible pour un homme de se faire enlever son enfant et de se faire battre si gravement et de voir aussi sa femme maltraitée; je fais confiance à votre justice et à votre équité, et je soumets la présente à votre sage considération en espérant que vous pourrez réparer et rectifier ce tort. Votre très obligé pétitionnaire.*

*Signé*
*Augustin x Hebert*

*Témoins de la requête*
    *Signé*
        *Paul x Braux*
    *Signé*

        *Jean x Landry*
        *Chas. x Hebert*
        *Jaq. x Hebert*
        *Pierre x Hebert*
        *Augustin x Hebert*
        *Antoine x Hebert*
        *Olivier o Hebert*
        *Joseph x Hebert*
        *Fra. x Landry*

*Le 7 octobre 1756*

*Augustin Hebert, portant les cicatrices qui montrent qu'il a résisté à l'enlèvement de l'un de ses enfants, implore la justice. Dix témoins ont signé sa requête.*

Beaucoup des Acadiens qui échappent aux déportations en 1755 — comme tout le village de Cobeguit où tout le monde a disparu avant l'arrivée des soldats de la Nouvelle-Angleterre — parviennent à se rendre dans la colonie française de l'île Saint-Jean (l'Île-du-Prince-Édouard). En 1758, les Britanniques prendront l'île Saint-Jean et déporteront environ 3 100 Acadiens et Français vers la France. Durant la période de 1755 à 1758, beaucoup d'Acadiens échappent aux déportations en s'enfuyant vers le district de la Miramichi, dans ce qui est maintenant le nord du Nouveau-Brunswick. Là, ils organisent une résistance contre ceux qui voudraient les emprisonner et les déporter. Certains de ceux qui fuiront dans les bois avec l'aide de Mi'kmaq et de Wolastoqiyik (Malécites) souffriront du froid extrême, d'épuisement et de famine. Certains seront réduits à manger la semelle de leurs chaussures ou des carcasses animales en décomposition. Certains réfugiés finiront par mourir. Les survivants fuiront vers le Canada (l'actuel Québec), seront emprisonnés dans des forts britanniques de la Nouvelle-Écosse, serviront de main-d'œuvre à bon marché ou seront déportés.

# SURVIVANCE ET ADAPTATION

En juillet 1755, lorsque le Conseil de la Nouvelle-Écosse tente de déterminer s'il mettra en œuvre une politique de déportation massive des Acadiens, la destination initiale est la France ou les colonies françaises. Néanmoins, à la fin des discussions, le Conseil se demande si une augmentation de la population ne viendra pas renforcer l'ennemi. C'est pourquoi il a plutôt choisi les colonies anglo-américaines du sud. Les fonctionnaires n'utilisent pas le terme assimilation, mais il est clair que c'est ce qu'ils espèrent.

Les membres du Conseil de la Nouvelle-Écosse et les autres qui ont appuyé la politique n'arrivent pas à comprendre ou à apprécier la détermination des Acadiens à survivre et leur désir inébranlable de conserver leurs coutumes et leur identité. Cette force résulte de nombreuses années d'autosuffisance et d'une lutte réussie contre les forces qui ont souvent menacé leur mode de vie. Un grand nombre de déportés, envoyés dans des colonies anglo-américaines le long de la côte atlantique ou dans des ports britanniques et français, entreprendront plus tard des périples qui les amèneront en Lousiane, dans les Antilles, en France, au Québec et même dans les Maritimes. Peu importe où ils aboutissent, ils entreprennent de repartir à neuf.

Les pieds endoloris et à moitié nus, beaucoup d'Acadiens dépossédés dans les colonies anglo-américaines cherchent des parents et des amis perdus. Ils endurent une extrême pauvreté et de multiples difficultés. Et ils sont angoissés à la vue de leurs enfants forcés de travailler pour presque rien et d'endurer l'humiliation publique.

Il convient d'admettre que certains Acadiens sont tellement ébranlés par ce qu'ils ont traversé en 1755 et durant les années suivantes qu'ils en perdent le sens de leur identité d'Acadiens. Volontairement ou involontairement, ils sont absorbés dans la population des colonies anglo-américaines et d'ailleurs où ils ont été envoyés.

Bon nombre d'Acadiens finissent par se rendre au Canada et en Louisiane. À titre de colonies françaises entre 1755 et 1763, ni l'un ni l'autre ne sont des territoires où les Britanniques veulent envoyer les Acadiens. Par contre, après 1763, le traité qui met fin à la guerre de Sept Ans fait de la Louisiane une colonie espagnole, tandis que le Canada devient le Québec, soit une colonie britannique de langue française. Le catholicisme est la religion officielle dans ces deux endroits, ce qui en fait des milieux attrayants pour beaucoup d'Acadiens.

Une importante minorité d'Acadiens dans les colonies anglo-américaines et ailleurs ne cèdent pas aux pressions de l'assimilation. Ils choisissent également de ne pas vivre dans un climat et un milieu trop différent de ce qu'ils connaissaient autrefois chez eux. Ils désirent ardemment conserver une identité distincte et trouver un endroit où vivre comme ils le désirent. Ce segment de la population des déportés acadiens traversera de longues années de migration et d'errance qui finiront par les ramener aux provinces maritimes canadiennes.

Et pour ceux qui veulent revenir à Grand-Pré, à Pigiguit, à Cobeguit et dans d'autres régions dévastées en 1755? Impossible. L'Acadie qu'ils ont connue n'existe plus. Des Planters de la Nouvelle-Angleterre occupent maintenant la plupart de leurs anciens secteurs agricoles.

*En 1764, les Acadiens reçoivent la permission de s'établir de nouveau dans leur ancienne patrie de la Nouvelle-Écosse, pourvu qu'ils prêtent serment d'allégeance au monarque de Grande-Bretagne.*

En 1764, les Acadiens reçoivent la permission de s'établir de nouveau dans leur ancienne patrie de la Nouvelle-Écosse, pourvu qu'ils prêtent serment d'allégeance au monarque de Grande-Bretagne. De petits groupes commencent à revenir dans le cadre d'un processus lent mais persistant. Entreprenant leur long périple de retour, ils voyagent principalement par bateau, venant d'aussi loin que la Caroline du Sud et la Géorgie. Lorsqu'ils découvrent, ou entendent dire, que des nouveaux arrivants de la Nouvelle-Angleterre occupent la plupart de leurs anciennes régions, les Acadiens n'ont d'autre choix que de s'établir ailleurs. Se joindront à eux des Acadiens qui s'étaient cachés et d'autres qui seront finalement libérés après avoir été emprisonnés dans la région. La plupart sont allés dans des endroits qui présentaient peu ou pas de potentiel agricole dans ce qui est aujourd'hui la Nouvelle-Écosse, le Nouveau-Brunswick, l'Île-du-Prince-Édouard et le Québec. Ils ont trouvé d'autres moyens de gagner leur vie. La plupart se sont tournés vers la mer et vers la forêt pour un nouveau mode de vie.

Ballotés pendant près d'une génération, les Acadiens fondent enfin plusieurs nouvelles Acadie, puisque les collectivités sont dispersées sur l'ensemble de ce que nous appelons maintenant les Provinces maritimes et le Québec. La nouvelle société acadienne, éparpillée comme elle est, constituée de nombreuses familles éclatées, est inévitablement moins homogène que la société originale. Néanmoins, malgré toutes les difficultés qu'ils ont connues, les Acadiens survivent et reconstruisent leur monde. Ils ont aujourd'hui des millions de descendants partout dans le monde, concentrés dans cinq grandes régions : la région de l'Atlantique, le Québec, la Louisiane, la Nouvelle-Angleterre et la France.

# LA CRÉATION D'UN LIEU HISTORIQUE NATIONAL

*P*armi les nombreux endroits qui ont été témoins de la déportation des Acadiens entre 1755 et 1762, Grand-Pré ressort comme l'endroit le plus étroitement lié à la tragédie du Grand Dérangement. Il y a deux grandes raisons pour la prééminence de Grand-Pré. La première est que le lt-col John Winslow, l'officier du Massachusetts chargé de la déportation des Acadiens de la région des Mines, a conservé un journal détaillé des événements. Rien de comparable n'existe pour aucune autre localité acadienne. La deuxième est que Henry Wadsworth Longfellow a choisi Grand-Pré comme toile de fond pour la première moitié de son poème, *Évangéline, Conte d'Acadie*, publié en 1847. Longfellow n'a probablement pas lu le journal de Winslow, mais le célèbre poète américain reconnaît s'être basé sur l'histoire de la Nouvelle-Écosse publiée en 1827 par Thomas Chandler Haliburton, qui lui se sert abondamment des témoignages de Winslow. Dès sa publication, l'*Évangéline* de Longfellow est un succès littéraire. Des millions de lecteurs, d'abord aux États-Unis puis finalement partout dans le monde, en viennent à connaître la tragique histoire d'amour. Durant les 100 premières années de sa publication, *Évangéline* connaît au moins 270 éditions et 130 traductions. Le succès du poème, publié en édition illustrée dès 1850, fait de Grand-Pré le plus célèbre de tous les lieux d'avant la Déportation.

Pour les Acadiens, la tragédie et le choc qu'eux ou que leurs ancêtres ont connus demeurent une tradition historique orale jusqu'à ce que Longfellow produise sa version poétique de l'expérience. Mélangeant les faits et la fiction dans un style romantique, *Évangéline* attire l'attention et suscite la sympathie à l'endroit de l'histoire et de la culture des Acadiens. Les personnages fictifs de Longfellow, particulièrement son héroïne, deviennent réels pour beaucoup de lecteurs.

Le poème a aussi un impact sur les Acadiens et sur leur amour propre. Il contribue immensément au nationalisme acadien grandissant vers la fin des années 1800. Le XIXᵉ siècle tirant à sa fin, on observe le développement d'un

*John Frederic Herbin*

solide sens de l'identité acadienne. La détermination des Acadiens à survivre en tant que peuple, peuple distinct riche d'une histoire unique, connaît un second souffle.

Même si le poème de Longfellow et le journal de Winslow sont au centre de l'histoire de Grand-Pré, ce sera John Frederic Herbin qui aura la vision nécessaire, au début du XXᵉ siècle, pour assurer littéralement la préservation des terres comme telles. Herbin, dont la mère est acadienne, mène une campagne pour que le lieu de Grand-Pré soit conservé à titre commémoratif.

Au début du XXᵉ siècle, Herbin écrit : « Grand-Pré est le foyer de l'Évangéline de Longfellow et un monument en pierre à cet endroit conviendrait pour perpétuer le nom du poète… Du marbre impérissable devrait marquer l'endroit et raconter son histoire aux nombreuses personnes qui viennent chaque année [en visite]… Un fonds est en train d'être constitué pour faire de cet endroit un parc commémoratif à Longfellow et aux Acadiens. » Pour de nombreux Acadiens, une visite à Grand-Pré était, et est toujours, une sorte de pèlerinage.

Herbin achète en 1907 le terrain que l'on croit être l'emplacement de l'église paroissiale et du cimetière Saint-Charles-des-Mines. L'année suivante, l'Assemblée législative de la Nouvelle-Écosse adopte une loi constituant en société « les fiduciaires des terrains historiques de Grand-Pré ». Herbin érige une croix en pierre sur le lieu pour marquer le cimetière, utilisant des pierres qu'il croit être les vestiges d'une fondation de maison acadienne. En 1917, lui et les fiduciaires vendent la propriété à la Dominion Atlantic Railway (DAR) à condition que le terrain de l'église soit cédé au peuple acadien pour qu'il puisse y ériger un monument à ses ancêtres. La DAR assume la responsabilité du terrain et fait faire l'aménagement paysager des lieux. En 1920, la compagnie ferroviaire dévoile la statue de bronze d'Évangéline, œuvre du sculpteur québécois Henri Hébert, qui produit une variation d'un concept réalisé auparavant par son père, le sculpteur Louis-Philippe Hébert.

La Dominion Atlantic Railway (DAR) se sert de l'association de Grand-Pré avec l'Évangéline de Longfellow pour faire la promotion du chemin de fer. De même, Tourisme Nouvelle-Écosse crée des publicités en se servant du thème d'Évangéline. La « commercialisation » d'Évangéline est vraiment bien partie. Parmi les exemples d'Évangéline la « publicitaire », notons « Evangeline Trail », « Land of Evangeline », des boissons gazeuses, des concessionnaires automobiles, des chocolats, un journal et bien d'autres choses.

*Timbre commémoratif de Grand-Pré, 1930.*

*Dévoilement de la statue d'Évangéline, œuvre d'Henri Hébert, le 29 juillet 1920.*

*Logo « Land of Evangeline » de la DAR.*

Malgré les aspects commerciaux, le personnage symbolique d'Évangéline demeure une illustration très émouvante de la Déportation, rattachant l'héritage de Longfellow au peuple acadien et à l'histoire du lieu historique national du Canada de Grand-Pré.

À l'occasion d'une cérémonie spéciale lors de la Convention nationale des Acadiens en 1921, la Société mutuelle de l'Assomption prend officiellement possession du terrain de l'église. L'année suivante, la Société fait bâtir l'église-souvenir. Les Acadiens, leurs amis et leurs partisans de partout en Amérique du Nord fournissent les fonds nécessaires. L'édification de l'église reflète l'esprit de nationalisme et la « renaissance » des Acadiens.

Grand-Pré continue d'être un point de mire important de la renaissance acadienne durant les décennies qui suivent. Une statue de la sainte patronne des Acadiens, Notre-Dame de l'Assomption, est placée dans l'église, de même qu'un drapeau acadien. L'intérieur de l'église-souvenir est terminé en 1930.

L'un des symboles les plus touchants commémorant la Déportation est la croix en fer solitaire située à environ deux kilomètres de l'église-souvenir. La

Voyage du Devoir en ACADIE, 1924
8 HORTON LANDING — Bénédiction de la Croix commémorative
de l'embarquement des déportés

*Ci-haut : Groupe de Louisianais en visite à Grand-Pré, 1936.*

*À gauche : Bénédiction de la Croix de l'embarquement, 1924.*

*Ci-dessous : Consécration de l'église-souvenir à Grand-Pré, le 18 août 1922.*

croix se dresse, solennelle, dans les marais autrefois endigués et cultivés par les Acadiens. La croix marque ce que l'on croit être, au milieu des années 1920, l'endroit où les Acadiens de Grand-Pré auraient été embarqués lors de la Déportation. Les chercheurs pensent maintenant que le lieu réel de l'embarquement est à environ un kilomètre plus près du bassin.

En août 1955, des milliers d'Acadiens de partout en Amérique du Nord se rassemblent à Grand-Pré pour marquer le 200e anniversaire de la Déportation. C'est à cette occasion que l'on dévoile un buste de Longfellow, cadeau du gouvernement de la Nouvelle-Écosse.

Le gouvernement du Canada fait l'acquisition du Parc commémoratif de Grand-Pré en 1957 et le déclare lieu historique national en 1961. L'entente de 1956 entre le gouvernement fédéral et la Société Nationale l'Assomption, agissant au nom du peuple acadien, reconnaît que :

« [...] le parc de Grand-Pré constitue le foyer historique le plus important du peuple acadien, [...] il rappelle ses heures les plus douloureuses et les plus héroïques et [...] il doit donner aux générations futures l'exemple d'un peuple courageux dont la culture et les actes enrichiront toujours davantage la nation canadienne. »

# LECTURES
# SUPPLÉMENTAIRES

ARSENAULT, Georges. *Les Acadiens de l'île, 1720-1980*, Moncton, N.-B., Éditions d'Acadie, 1987.

BASQUE, Maurice. *Des hommes de pouvoir : Histoire d'Otho Robichaud et de sa famille, notables acadiens de Port-Royal et de Néguac*, Néguac, N.-B., Société historique de Néguac, 1996.

BERTRAND, Gabriel. « La culture des marais endigués et le développement de la solidarité militante en Acadie entre 1710 et 1755 », *Cahiers de la Société historique acadienne*, vol. 24, no 4, p. 238-249.

BREBNER, John Bartlett. *New England's Outpost: Acadia before the Conquest of Canada*, New York, Columbia University Press, 1927.

BRUN, Régis. *Les Acadiens avant 1755 : essai*, Moncton, Régis Brun, 2003.

BUCKNER, Phillip A. et John G. REID, réd. *The Atlantic Region to Confederation: A History*, Toronto, University of Toronto Press, 1994.

BUTZER, Karl W. « French Wetland Agriculture in Atlantic Canada and Its European Roots: Different Avenues to Historical Diffusion », *Annals of the Association of American Geographers,* vol. 92, no 3 (septembre 2002), p. 452-470.

CHEVRIER, Cécile. *Acadie : Esquisses d'un parcours / Sketches of a journey,* Dieppe, N.-B., La Société Nationale de l'Acadie, 1994.

CLARK, Andrew Hill. *Acadia, The Geography of Early Nova Scotia to 1760,* Madison, University of Wisconsin Press, 1968.

CONRAD, Margaret, Alvin FINKEL et Cornelius JAENEN. *History of the Canadian Peoples, vol. 1, Beginnings to 1867*, Toronto, Copp Clark Pitman Ltd., 1993.

CONRAD, Margaret, réd. *Un regard sur l'Acadie : trois discours illustrés,* Halifax, Musée de la Nouvelle-Écosse, *Rapport du conservateur,* no 87, s.d.

CORMIER, Yves. *Les Aboiteaux en Acadie, hier et aujourd'hui.* Moncton, Chaire d'études acadiennes, 1990.

DAIGLE, Jean, réd. *L'Acadie des Maritimes : Études thématiques des débuts à nos jours,* Moncton, Chaire d'études acadiennes, 1993.

DAIGLE, Jean et Robert LEBLANC. « Déportation et retour des Acadiens », dans R. Cole HARRIS, réd. et Geoffrey J. MATTHEWS. *Atlas historique du Canada, vol. 1, Des origines à 1800,* Montréal, Presse de l'Université de Montréal, 1987, planche 30.

DAWSON, Joan. *The Mapmaker's Eye: Nova Scotia Through Early Maps,* Halifax, Nimbus Publishing et le Musée de la Nouvelle-Écosse, 1988.

DOUCET, Clive. *Notes from Exile: On Being Acadian,* Toronto, McClelland & Stewart, 1999.

DUNN, Brenda. *Les Acadiens des Mines,* Ottawa, Parcs Canada, 1990.

DUNN, Brenda. *A History of Port-Royal / Annapolis Royal,* 1605-1800, Halifax, Nimbus Publishing, 2004.

DURAND, Yves. « L'Acadie et les phénomènes de solidarité et de fidélité au XVIII$^e$ siècle », *Études canadiennes / Canadian Studies,* vol. 13 (1982), p. 81-84.

GRIFFITHS, Naomi E. S. *L'Acadie de 1686 à 1784 Contexte d'une histoire,* Moncton, Les Éditions d'Acadie, 1997.

GRIFFITHS, N. E. S. *The Acadian Deportation: Deliberate Perfidy or Cruel Necessity?* Toronto, Copp Clark, 1969.

GRIFFITHS, Naomi. « The Golden Age: Acadian Life, 1713-1748 », *Histoire sociale / Social history,* vol. 17, no 33 (mai 1984), p. 21-34.

JOHNSTON, A.J.B. « The Call of the Archetype and the Challenge of Acadian History », *French Colonial History,* vol. 5 (2004), p. 63-92.

JOHNSTON, A.J.B. « Borderland Worries, Loyalty Oaths in Acadie/Nova Scotia, 1654-1755 », *French Colonial History,* vol. 4 (2004), p. 31-48

LANDRY, Nicolas et Nicole LANG. *Histoire de l'Acadie,* Sillery, Québec, Septentrion, v. 2001.

LAPLANTE, Soeur Corinne. « Pourquoi les Acadiens sont-ils demeurés en Acadie? (1713-1720) », *Cahiers de la Société historique acadienne,* 21$^e$ Cahier, vol. 3, no 1, (oct.-déc. 1968), p. 4-17.

LAUVRIÈRE, Émile. *La Tragédie d'un peuple : Histoire du peuple acadien de ses origines à nos jours*, 2 vol., Paris, Éditions Bossard, 1922.

LEBLANC, Stéphane et Jacques VANDERLINDEN. « Pauvre en France, riche en Acadie? », *Cahiers de la Société historique acadienne*, vol. 29, nos 1 et 2, (mars-juin 1998), p. 10-33.

LE BLANC, Barbara. *Postcards from Acadie: Grand-Pré, Evangeline & the Acadian Identity*. Kentville, N.-É., Gaspereau Press, 2003.

LÉGER, Maurice A. « Les missionnaires de l'ancienne Acadie (1604-1755) », *Cahiers de la Société historique acadienne*, vol. 28, nos 2 et 3, (juin-septembre 1997), p. 63-97.

MOODY, Barry. *The Acadians*, Toronto, Grolier, 1981.

PLANK, Geoffrey. *An Unsettled Conquest: The British Campaign Against the Peoples of Acadia*, Philadelphia, University of Pennsylvania Press, 2000.

REID, John G. *Six Crucial Decades: Times of Change in the History of the Maritimes*, Halifax, Nimbus Publishing, 1987.

ROSS, Sally et Alphonse DEVEAU. *Les Acadiens de la Nouvelle-Écosse, hier et aujourd'hui*, Halifax, Nimbus Publishing, 2001.

ROUET, Damien. « L'Acadie, du comptoir à la colonie : Migration et colonisation du bassin des Mines (1680-1714) », *Cahiers de la Société historique acadienne*, vol. 29, nos 1 et 2, (mars-juin 1998), p. 34-56.

SOCIÉTÉ PROMOTION GRAND-PRÉ. *Les digues et les aboiteaux*, 2002.

SOCIÉTÉ PROMOTION GRAND-PRÉ. *La Déportation des Acadiens*, 2003.

TAYLOR, M. Brook. « The Poetry and Prose of History: Evangeline and the Historians of Nova Scotia », *Journal of Canadian Studies*, vol. 23 (1988), p. 46-65.

VANDERLINDEN, Jacques. « Alliances entre familles acadiennes pendant la période française », *Cahiers de la Société historique acadienne*, vol. 27, nos 2 et 3 (juin-septembre 1996), p. 125-148.

VIAU, Robert. *Les visages d'Évangéline : Du poème au mythe*, Beauport, Québec, MNH, 1998.

# SOURCES DES IMAGES

Toutes les autres photos sont utilisées avec l'aimable autorisation de la Société Promotion Grand-Pré; elles sont du photographe François Gaudet.